JN270955

英米絵本のベストセラー40
―心に残る名作

編著者◆灰島かり　編集協力◆髙田賢一・成瀬俊一

ミネルヴァ書房

あおくん と きいろちゃん
レオ・レオーニ・作
藤田圭雄・訳
③

かいじゅうたちのいるところ
モーリス・センダック さく じんぐう てるお やく
②

げんきな マドレーヌ
ルドウィッヒ・ベーメルマンス作・画 瀬田貞二 訳
①

ぼくはおこった
ハーウィン・オラム
きたむら さとし
⑥

チムとゆうかんな
せんちょうさん
エドワード・アーディゾーニ さく
せたていじ やく
⑤

ゆきのひ
エズラ・ジャック・キーツ ぶん・え
きじま はじめ やく
④

はらぺこ
あおむし
⑨

ルピナスさん
―小さなおばあさんのお話―
バーバラ・クーニー さく / かけがわ やすこ やく
⑧

OLIVIA
オリビア
イアン・ファルコナー 作 谷川俊太郎 訳
⑦

ロージーの
おさんぽ
パット・ハッチンス さく
わたなべ しげお やく
⑫

ピーターラビットの
おはなし
ビアトリクス・ポター さく・え いしい ももこ やく
⑪

はなを くんくん
ルース・クラウス ぶん マーク・シーモント え
きじま はじめ やく
⑩

OWL MOON
月夜の みみずく

⑮

北欧民話
三びきのやぎのがらがらどん
マーシャ・ブラウン え
せた ていじ やく

⑭

ねこのオーランドー
キャスリーン・ヘイル 作・画 脇 明子 訳

⑬

グリム童話
おどる12人のおひめさま
エロール・ル・カイン え
やがわ すみこ やく

⑱

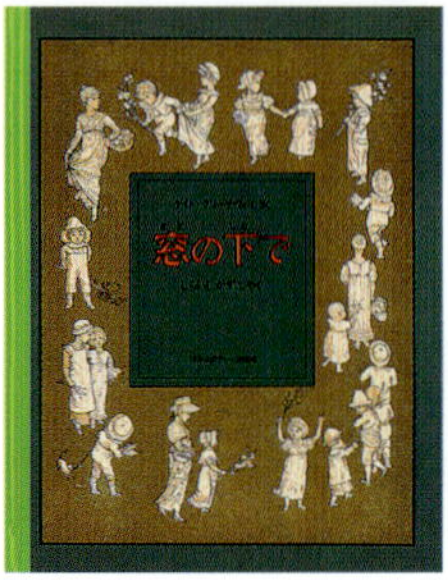
窓の下で

⑰

おやすみなさい おつきさま
マーガレット・ワイズ・ブラウン さく
クレメント・ハード え
せた ていじ やく
評論社

⑯

もりのなか
マリー・ホール・エッツ ぶん/え まさき るりこ やく

㉑

絵と文 C・V・オールズバーグ 訳 村上春樹
The Polar Express
急行「北極号」

⑳

すきです
ゴリラ

⑲

すばらしいとき
ぶんとえ ロバート・マックロスキー
やく わたなべ しげお

㉔

スノーマン
The Snowman
レイモンド・ブリッグズ
評論社

㉓

かようびのよる
デヴィッド・ウィーズナー 作・絵 当麻ゆか 訳

㉒

はなのすきなうし
岩波の子どもの本

㉕

ベラ B. ウィリアムズ 作・絵 佐野洋子 訳
かあさんの いす

㉖

わすれられない
おくりもの
スーザン・バーレイ さく え
小川 仁央 やく
評論社

㉗

神《かみ》の道《どう》化《け》師《し》
トミー・デ・パオラ さく
ゆあさ ふみえ やく

㉘

ちいさいおうち
ばーじにあ・りー・ばーとん ぶんとえ
いしいももこ やく

㉙

ゆうびんやの くまさん
フィービとセルビ・ウォージントン さく・え / まさき るりこ やく

㉚

おじいちゃん
ジョン・バーニンガム さく
たにかわ しゅんたろう やく

㉛

悲しい本
SAD BOOK
マイケル・ローゼン 作 クエンティン・ブレイク 絵
谷川俊太郎 訳

㉜

3びきの かわいい オオカミ
ユージーン・トリビザス 文 ヘレン・オクセンバリー 絵
こだまともこ 訳

㉝

くまのコールテンくん
ドン・フリーマン さく
まつおか きょうこ やく

㉞

すてきな 三にんぐみ
トミー・アンゲラー さく いまえ よしとも やく

㉟

A
B
C
ブライアン・ワイルドスミス
Brian Wildsmith's
らくだ出版

㊱

㊴

㊳

㊲

㊵

①『げんきなマドレーヌ』（ルドウィッヒ・ベーメルマンス作／画，瀬田貞二訳）福音館書店，1972年／②『かいじゅうたちのいるところ』（モーリス・センダック作，神宮輝夫訳）冨山房，1975年／③『あおくんときいろちゃん』（レオ・レオーニ作，藤田圭雄訳）至光社，1967年／④『ゆきのひ』（エズラ・ジャック・キーツ文／絵，木島始訳）偕成社，1969年／⑤『チムとゆうかんなせんちょうさん』（エドワード・アーディゾーニ作，瀬田貞二訳）福音館書店，1963年／2001年新版／⑥『ぼくはおこった』（ハーウィン・オラム文，きたむらさとし絵／訳）佑学社，1988年／評論社，1996年／⑦『オリビア』（イアン・ファルコナー作，谷川俊太郎訳）あすなろ書房，2001年／⑧『ルピナスさん――小さなおばあさんのお話』（バーバラ・クーニー作，掛川恭子訳）ほるぷ出版，1987年／⑨『はらぺこあおむし』（エリック・カール作，森比佐志訳）偕成社，1976年／⑩『はなをくんくん』（ルース・クラウス文，マーク・シーモント絵，木島始訳）福音館書店，1967年／⑪『ピーターラビットのおはなし』（ビアトリクス・ポター作／絵，石井桃子訳）福音館書店，1971年／1988年新版／⑫『ロージーのおさんぽ』（パット・ハッチンス作，渡辺茂男訳）偕成社，1975年／⑬『ねこのオーランドー』（キャスリーン・ヘイル作／画，脇明子訳）福音館書店，1982年／⑭『三びきのやぎのがらがらどん』（マーシャ・ブラウン絵，瀬田貞二訳）福音館書店，1965年／⑮『月夜のみみずく』（ジェイン・ヨーレン詩，ジョン・ショーエンヘール絵，工藤直子訳）偕成社，1989年／⑯『おやすみなさいおつきさま』（マーガレット・ワイズ・ブラウン作，クレメント・ハード絵，瀬田貞二訳）評論社，1979年／⑰『窓の下で』（ケイト・グリーナウェイ作，白石かずこ訳）ほるぷ出版，1987年／⑱『おどる12人のおひめさま』（グリム兄弟原作，エロール・ル・カイン絵，矢川澄子訳）ほるぷ出版，1980年／⑲『すきですゴリラ』（アントニー・ブラウン作／絵，山下明生訳）あかね書房，1983年／⑳『急行「北極号」』（クリス・ヴァン・オールズバーグ絵／文，村上春樹訳）河出書房新社，1987年／あすなろ書房，2003年改訂版／㉑『もりのなか』（マリー・ホール・エッツ文／絵，まさきるりこ訳）福音館書店，1963年／㉒『かようびのよる』（デヴィッド・ウィーズナー作／絵，当麻ゆか訳）徳間書房，2000年／㉓『スノーマン』（レイモンド・ブリッグズ作）評論社，1978年／1998年改題版／㉔『すばらしいとき』（ロバート・マックロスキー文／絵，渡辺茂男訳）福音館書店，1978年／㉕『はなのすきなうし』（マンロー・リーフ作，ロバート・ローソン絵，光吉夏弥訳）岩波書店，1954年／㉖『かあさんのいす』（ベラ・B.ウィリアムズ作／絵，佐野洋子訳）あかね書房，1984年／㉗『わすれられないおくりもの』（スーザン・バーレイ作／絵，小川仁央訳）評論社，1986年／㉘『神の道化師』（トミー・デ・パオラ作，ゆあさふみえ訳）ほるぷ出版，1980年／㉙『ちいさいおうち』（バージニア・リー・バートン文／絵，石井桃子訳）岩波書店，1954年／1965年大型版／㉚『ゆうびんやのくまさん』（フィービとセルビ・ウォージントン作／絵，まさきるりこ訳）福音館書店，1987年／㉛『おじいちゃん』（ジョン・バーニンガム作，谷川俊太郎訳）ほるぷ出版，1985年／㉜『悲しい本』（マイケル・ローゼン作，クエンティン・ブレイク絵，谷川俊太郎訳）あかね書房，2004年／㉝『３びきのかわいいオオカミ』（ユージーン・トリビザス文，ヘレン・オクセンバリー絵，こだまともこ訳）冨山房，1994年／㉞『くまのコールテンくん』（ドン・フリーマン作，松岡享子訳）偕成社，1975年／㉟『すてきな三にんぐみ』（トミー・アンゲラー作，今江祥智訳）偕成社，1969年／1977年改訂版／㊱『ブライアン・ワイルドスミスの ABC』（ブライアン・ワイルドスミス作）らくだ出版，1972年／㊲『マドレンカのいぬ』（ピーター・シス作，松田素子訳）BL 出版，2004年／㊳『しろいうさぎとくろいうさぎ』（ガース・ウイリアムズ文／絵，松岡享子訳）福音館書店，1965年／㊴『よあけ』（ユリー・シュルヴィッツ作／画，瀬田貞二訳）福音館書店，1977年／㊵『100まんびきのねこ』（ワンダ・ガアグ文／絵，石井桃子訳）福音館書店，1961年。

はしがき

日本では絵本の出版が盛んです。一年間に出版される新刊絵本の数は、さまざまなジャンルの絵本をすべて合わせると、一五〇〇冊に手が届きそうな勢いです。日本で出版される絵本は、印刷や製本の美しさに定評があるために、書棚に並んだ姿は、文字通り光り輝いています。

絵本大国とも言えるこの勢いは、どこに原因があるのでしょうか？　ここでは二つの要素に注目してみましょう。ひとつは日本の文化の特徴です。絵本の世界では、中心となる読者が子どもです（もちろん、子どもだけが読者だというわけではありません）。わたしたちの国には、子どもを尊重する風土があり、これが絵本の出版を支える一端となっているのでしょう。また日本の文化には、物語をヴィジュアル化して楽しむという伝統もあります。遠く平安時代から、日本には絵巻物がありました。絵巻物は文章と絵を同時にながめて楽しむもので、物語のヴィジュアル化に他なりません。この伝統が、現代のマンガやアニメ、そして絵本に受け継がれているのではないでしょうか。

以上の言わば内なる要素とともに、現代の絵本を豊かなものとしているのは、外から加わった刺激でしょう。まだ敗戦の名残のあった一九五三年に、「岩波子どもの本」シリーズが発刊されました。このシリーズは、石井桃子という希有な編集者兼翻訳者を得て、海外の絵本、特に英米の絵本を精力的に翻訳出版してきました。本書でとりあげた『ちいさいおうち』や『はなのすきなうし』はこのシリーズの一環として出版されたものですが、初めてこれらの絵本を見た当時の読者は、その美しさと内容の深さに驚嘆したのです。

こうして英米の絵本は、出版者や翻訳者、研究者の努力によって日本に紹介され、そしてこれに応えた読者のおかげで、日本によく根付きました。本書でとりあげた『もりのなか』や『三びきのやぎのがらがらどん』など、原書の生まれた米国ではすでに絶版になって久しい絵本が、日本では現役の絵本として愛され続けています。すぐれた絵本の紹介者の目の確かさに感嘆するとともに、それを血肉化してきたわたしたちの吸収力も誇りたいような気がします。

今では「日本の絵本」と呼びたい英米の絵本が数多く存在し、子どもと大人の読者を楽しませ、また日本の絵本作家を刺激し続けています。本書はそんな英米絵本に改めて着目し、その魅力を探ってみようという目的で生まれました。四〇冊の絵本について、それぞれの魅力やその読みどころを、執筆者が分担して書いています。執筆者の中心は児童文学や絵本の研究者ですが、編集者や翻訳者、児童書専門店の経営者など、絵本と切っても切れない関係のある方々にも参加してもらいました。視点やアプローチの方法はそれぞれ異なりますが、だれもが自分の好きな絵本について語っているという点は、一致しています。好きなものを人に語るということはとても楽しいことなので、それぞれのエッセイがこころ弾むものとなっていることを喜んでいます。

五つに分けた章のあいだには、絵本の理解を深めるためのコラムも設けました。また文中で紹介されている絵本や関連する本については、巻末の作品リストに書誌を載せていますので、役立てていただけると幸いです。

第Ⅰ章　「ドアを開けたのはどの子？」

絵本は子どもだけのものではありませんが、絵本の世界の主役は子どもです。この章にはマドレーヌやマックス、チムやオリビアなど、絵本界のスーパースターが活躍する絵本を集めました。素朴な顔をしていますが、その生きるエネルギーのすごさは驚くばかり！　大人では、とても太刀打ちできそうにありません。とはいえ小さいスーパースターたちは、すぐに眠たくなっちゃうところがあって、ご愛敬。

それにしてもただ丸い形にちぎられた青い紙切れが「あおくんです」と言われると、たちまち元気な男の子に変身してしまうなんて、これを絵本の魔術と呼ばずに何と呼びましょう！

第Ⅱ章「数えきれない、命のきらめき」

絵本は生き物や自然を描くのが得意です。ウサギにネコにミミズク、あおむしや花やお月さままで、生き物や自然は、なんともいとしく、豊かな表情に描かれています。そのみずみずしさには、元気な人たち（おもに子ども？）は共感してくれるでしょうし、元気のない人たち（おもに大人？）はなぐさめを得られるかもしれません。春になると花が咲く、あたりまえのことですが、それに心をふるわせる喜びを、絵本は静かに温かく語っています。

第Ⅲ章「逢魔《おうま》が時《とき》に何が起きる？」

この章には、夕方から夜の絵本が集まっています。わたしたちがなじんでいるこの世界のすぐとなりには、どうやら別の世界があるようです。その不思議な世界が顔をあらわにするのが、逢魔が時。王女さまやゴリラのダンス、汽車やカエルや雪だるまの飛翔。どれもめくるめく不思議ですが、なかでもいちばん不思議なのは、女の子や男の子の心の中かもしれません。そして不思議があるからこそ、日常の世界は奥行きを持ったものとなるのでしょう。

第Ⅳ章「生きる喜び、生きる悲しみ」

絵本は、子どもにもわかるシンプルな言葉で、人生の深みを見せてくれます。死、信仰、争い、悲しみ、そして日々の暮らしの光と影……。命の深みを伝えるのに、たくさんの言葉はいりません。難しい言葉もいりません。そのことが、ここにとりあげた絵本を見るとよくわかります。この章の絵本はぜひ、ゆっくりと読んでください。速く読んだときにはこぼれ落ちてしまうものが、ゆっくりした時間のなかでは、きっとその姿を見せてくれるでしょう。

第Ⅴ章　「やさしい気持ちにつつまれて」

最後の章は「気持ち」をテーマに集めました。気持ちとは、通いあうもの。だからそこには必ず、複数の存在があります。絵本は人と人のあいだだけでなく、オオカミとブタのあいだ、女の子とぬいぐるみのあいだ、しろいウサギとくろいウサギのあいだに行き交う気持ちを見せてくれます。これらの関係のあり方は実にさまざまですが、そこに行き交う気持ちは、もしかしたら「愛」というたったひとつの言葉でくくることができるかもしれません。

本書をきっかけに、絵本を読む楽しみが広がることがあるなら、これほどうれしいことはありません。また英米絵本の魅力をより多くの読者に知っていただけますよう、執筆者一同とともに、心より願っております。

編　者

目次

II

数えきれない、命のきらめき

III

逢魔《おうま》が時《とき》に何が起きる？

IV

生きる喜び、生きる悲しみ

I　ドアを開けたのは，どの子？

『げんきなマドレーヌ』

ルドウィッヒ・ベーメルマンス作／画，瀬田貞二訳

笹本　純

絵本による語りの妙

福音館書店，1972年（原書，1939年）

多彩な魅力

『げんきなマドレーヌ』は、見どころ語りどころのたくさんある、魅力あふれる絵本だ。ラフだが自由な活気に満ち、物事をはっきりと伝える力を持つ絵。知的なセンスを感じさせるシンプルな言葉遣い。それらのコンビネーションと工夫に富んだ画面展開によって生み出される、力強い絵本的語りの妙。魅力的な登場人物。本筋を外れたところに仕掛けられた遊びの楽しさ。全体を通して伝わってくる作者の人柄、深い洞察をうかがわせる肯定的な人生観、世界観……。

ここでは、絵本の特性を活かして豊かな物語世界を繰り広げる語りの見事さや、登場人物の魅力について眺めていきたい。

語りの力

この本の物語を語るやり方には、読者を前へ前へと引っぱっていく力がある。これを読む私たちは、よい音楽を聴くときと同じ様に、物語に引き込まれ、変化に富んだその流れの中を運ばれていく心地よい経験を持つ。絵本の領域でそういうものを与えてくれる例は少ないが、『げんきなマドレーヌ』は稀な例のうちの最上の一つである。

この絵本の語りの妙は、まず、物語の大きな流れの中でシーンやエピソードをつないでいく手際のうちに見て取れる。十二人の少女の住む屋敷の描写から始まって、彼女らの暮らしぶりや心持ちを紹介し、次いで主人公マドレーヌを登場させ、そのお転婆ぶりを語りつつ、さり気なく先生のミス・クラベルに視線を移し、今度はミス・クラベルの立場からマドレーヌの発病事件を伝える。……こういう具合で、テンポの緩急、詳述と省略の組み合わせ、視点の切り替え、等々、起伏に富む物語進行は、最後まで間然するところがない。

私たちは、この本を二度三度と繰り返し読んで飽きることがない。そこには、本物の物語が与えてくれる至福の時間がまぎれもなくあるのだ。

絵と言葉の兼ね合い

絵本は、絵と言葉のコンビネーションを通じて内容を伝えるメディアである。こうした絵本の特性を活かしきっている点でも、『げんきなマドレーヌ』は飛び抜けている。この本では、どのページをとっても絵と言葉が絶妙の兼ね合いを見せている。

例えば、街に出た少女たちが傷痍兵士と出会うシーン。雪の降りしきる廃兵院前の路上の情景を的確に伝える絵に対し、「むねの　いたむことも　ありました。」という言葉だけが添えられる。単に一場の状況を示すだけでなく、何に対してでも「胸の痛み」を覚えることができるであろう彼女たちの優しい心映えを写した表現として心にしみる。

あるいはまた、ミス・クラベルについて最初に紹介するページ。「せんせいの　ミス・クラベルは、なにごとに

せんせいの　ミス・クラベルは、
なにごとにも　おどろかない　ひとでした。
18

も　おどろかない　ひとでした。」という言葉と並べられる絵の中で、ミス・クラベルは主役になっていない。そこでは、危険な遊びをするマドレーヌの様子が中心で、ミス・クラベルは脇の方にいるだけなのである。ここに見られる様なウィットに富んだひねりを含む表現は、マドレーヌ絵本ならではのものであり、その味わいは何ものにも代え難い。

なお、日本版の翻訳は、この絵本の言葉の働きを巧みに日本語に移した点で高く評価されるべきだろう。この本では、一つの文を構成する語や節が幾つかの異なったページに振り分けられ、各々に絵が付けられたりする。こういう言葉の扱いは尋常ではない。日本語では語順も変わるし、原書の言葉の微妙な作用を再現するのは容易ではなかっただろう。瀬田貞二の日本語訳は、これによく応えた労作である。

作中人物の魅力

この本の主人公は、一応マドレーヌだろうが、彼女は十二人の少女たちの代表として選ばれているのであって、際立った個性はあまり認められない。彼女の輝きは、子ども一般の持つ活気・生命力を強調して典型化したところから生まれたものだ。彼女は、容易に他の誰かと入れ替わることができる様に見える（例えば、トラの檻の前の少女は、他のページに描かれたマドレーヌとは髪型が違う。別人なのかもしれない)。それ故にこそ、彼女は多くの子ども読者の共感を呼ぶことができる。子どもたち、特に女の子たちは言うだろう。「マドレーヌは私だ」と。

これに対して、ミス・クラベルは、個性あふれる人間味を発揮している。何ごとにも驚かない人のはずなのに、子どもの病気や泣き声には敏感に反応して大騒ぎで走りまわる。規律重視の生活を堅持しようとする一方で、子どもたちに注ぐまなざしは愛に満ちている。この人は本当に素敵だ。ミス・クラベルがいなかったら、この本の魅力は半減だろうと思う。

作者について

『げんきなマドレーヌ』の作者ルドウィッヒ・ベーメルマンスは、一八九八年オーストリアのチロルに生まれた。十六歳でアメリカに渡り、ニューヨークのリッツホテルでホテルマンとして修行する。友人の経営するレストランの壁に、故郷のチロル地方の風景を描いたところ、それが高名な絵本編集者メイ・マッシーの目にとまり、絵本作家としてデビューすることになった。五冊のマドレーヌ絵本は、世界中で広く読まれている。シリーズ二冊目の『マドレーヌといぬ』でコールデコット賞を受賞。彼の絵本は、子どもの意見を聞いたり、現地を取材したりと、じっくり手間ひまをかけるやり方でつくられた。それは、一人の大人が誠意の限りをつくして生み出した子どものための本なのである。一九六二年没。

最近、彼の孫に当たるジョン・ベーメルマンス・マルシアーノの手で創作された、新しいマドレーヌ本が数冊出版されて話題となった。

『かいじゅうたちのいるところ』

モーリス・センダック作，神宮輝夫訳

さくまゆみこ

ワイルドで行こう！

冨山房，1975年（原書，1963年）

かわいくないけど

この絵本に出てくる者たちは、かわいくない。人気絵本からは、人形やおもちゃなどキャラクター商品が生まれることも多い。この絵本についても、オオカミの着ぐるみを着たマックスと、かいじゅうたちのぬいぐるみが売り出されている。わが家の子どもたちがまだ小さかった頃、このぬいぐるみセットをいただいた。ところが子どもたちは、かいじゅうのほうは気味悪がってさわろうともしなかった。

原書がアメリカで最初に出版されたときにも、こんなにかわいくない不気味な絵でいいのか、という論議が巻き起こったし、私が冨山房で編集者をしていたときも、日本のお母さんたちから「こんな絵を子どもが気に入るとはまったく意外でした」という読者カードをたくさんいただいた。

砂糖をまぶしたような絵に慣れている人にとっては、たしかに違和感のある絵だ。しかし、これほど子どもの心を解放する絵本も他にはないだろう。かわいらしい絵本ではできない役割を、この絵本は果たしているのだ。

閉じこめられた部屋が森になる

主人公のマックスは、ワイルドな遊びやいたずらが過ぎて（本の上に乗って、壁に大きな釘を打ったり、フォークを持って犬を追いかけたりしている）、お母さんに叱られ、夕ご飯抜きで寝室に閉じこめられる。その場面には、憤懣やるかたない顔をしたマックスが扉（の向こうにいるはずの母親）をにらんでいる絵が描かれている。寝室の小テーブルの上には花瓶があり、緑の葉をつけた枝がさしてある。開いた窓からは、マックスの満たされない気持ちを表すように欠けた月が見えている。

ところが次の見開きでマックスが目をつぶったとたん、ワイルドな空想が始まる。花瓶にさした枝のイメージがふくらんで部屋は森や野原に変わり、水辺には自分の名前を書いた舟が待っている。マックスは舟に乗り、「1ねんと1にち」かかって航海をすると、かいじゅうたち（英語では「ワイルドな者たち」）のいる所にやってくる。

かいじゅうおどりが果たす役割

マックスは最初のかいじゅうとの出会いではちょっとびっくりしたものの、次からはどんなに脅されようとも負けてはいない。逆ににらみつけたり、どなりつけたり、魔法で懐柔したりして、かいじゅうの王様になるのである。

圧巻は見開き三枚にわたって続くワイルドな「かいじゅうおどり」。ここまで来ると、描かれる月も満月となる。マックスは精一杯さけんだり踊ったりし、三つ目の見開きでは、得意満面でかいじゅうの肩の上に乗っている。

マックスは、この「ワイルドな者たち」の王様になってワイルドな体験をし尽くしてはじめて、フラストレーシ

『まよなかのだいどころ』（モーリス・センダック作，神宮輝夫訳）冨山房，1982年。
『まどのそとのそのまたむこう』（モーリス・センダック作／絵，脇明子訳）福音館書店，1983年。

ヨンや怒りを克服し、次の段階に進むことができるのだ。

ちなみにこのかいじゅうのモデルだが、センダック自身が語るところによれば、自分が子どものころ毎週日曜日になると訪ねてきた親戚のおじさんやおばさんたちだという。幼い日のセンダックは、子どもの気持ちを斟酌せずほっぺたをつねったり、汚い歯と鼻毛ののびた顔を近づけて「食べちゃいたいくらいにかわいいねえ！」と言うおじさんやおばさんたちに恐怖心を抱いていた。そういわれて絵を見ると、確かにおばさん的なかいじゅうもいれば、おじさん的なかいじゅうもいる。おばさんかいじゅうの背中に乗っているのは、いとこのかいじゅうだろうか。

帰ってくるマックス

さんざん騒いで楽しんだマックスは、自分がくらったのと同じ罰をかいじゅうたちにあたえて、夕ご飯ぬきで眠らせてしまうと、なんだか寂しくなってくる。祭りの後の寂しさ、といってもいい。豊かな感受性を持っている子どもほど、盛り上がったイベントの山場が過ぎると、泣きたいほど寂しくなるものだ。

どこか遠くからおいしいにおいが流れてくるのは、そのときだ。マックスはかいじゅうたちの王様をやめて、帰ることにする。かいじゅうたちは、舟に乗ったマックスを見て、「おねがい、いかないで。おれたちは　たべちゃいたいほど　おまえが　すきなんだ。たべてやるから　いかないで」と叫ぶ。ここには、幼い日のセンダックに親戚のおばさんたちが言った言葉が活かされている。

しかしマックスの気持ちはもうかいじゅうから離れている。そこで「ワイルドな者たち」に別れを告げると、長い航海の果てに自分の部屋まで戻ってくる。すると、いつのまにか寝室のテーブルの上には夕食がのっているではないか。絵で見ると、ボウルに入った何か（シチューだろうか？）と、ミルクと、デザートのケーキのようだ。お母さんがそっと用意してくれた夕ご飯のにおいは、かいじゅうの島まで届いていたことになる。

この場面のマックスは、ワイルドな気分がすっかり抜けたらしく、いかにもおだやかな顔をしている。

構成の工夫

この絵本では日常からファンタジーに移行するにつれて絵が大きくなる。本文の最初の六見開きについては右ページにしか絵がなく、左ページは白いスペースに文字だけが印刷されている。右ページの絵はページを追うごとにだんだん広がっていき、七見開き目になると、とうとう左ページまではみだしてくる。九見開き目になると、絵は左右いっぱいに広がり、文字は下に追いやられる。しかし下に設けられた文字のスペースも徐々に狭まっていき、十二見開き目から十四見開き目まで続く「かいじゅうおどり」の場面では画面全体に絵が広がって文字もなくなる。

ファンタジー界から現実界に戻る過程では、逆に絵のスペースがだんだん少なくなっていく。マックスが部屋に戻った場面では絵はまた右ページだけにおさまり、窓からは欠けた月ではなく満月がのぞいている。

そして最後がすばらしい。絵はなく、「(夕食が）まだほかほかとあたたかかった」という文章だけが書かれている。あたたかいのは、夕食だけでなく母親でもあり、マックスの気持ちでもあるのだろう。

センダックは、この作品でコールデコット賞にかがやき、その後『まよなかのだいどころ』『まどのそとのそのまたむこう』をはじめとする数々の名作を生み出し、一九七〇年にはアメリカ人初の国際アンデルセン賞も受賞した。

『あおくんときいろちゃん』

レオ・レオーニ作，藤田圭雄訳

村中李衣

自分をつくる

至光社，1967年（原書，1959年）

偶然にみちびかれて

一九六七年日本でこの絵本が翻訳紹介された時、こんなにシンプルに、色とかたちで、集団のつながりや自己の解体、そしてさまざまな感情が表現できるということに、多くの絵本関係者達は、衝撃を受けた。既に国際的なデザイナーではあっても、絵本作家としての出発はまだだったレオーニが、旅の汽車の中で、同行していた孫たちを喜ばせようと、手持ちの青い紙、黄色い紙をちぎって語ったことがこの絵本づくりのきっかけだったことに象徴されるように、いつも、いくつかの偶然が、人生を創っていく。

偶然に導かれ，当たり前と思っていたことの意味が浮かび上がってくる。あおくんだってそうだ。あの日きいろちゃんの家にあそびに行かなければ，そして，たまたまきいろちゃん一家が家を留守にしていなければ，あおくんのぱぱとまま・きいろちゃんのぱぱとままが揃って「うちの子じゃないよ」といわなければ，あおくんもきいろちゃんも，自分ってなんなのかを突き詰めて考えることもなかったはずだ。

瞬時にわかる・わかりあえるというよろこび

一ページめ。画面中央に，マルというにはちょっといびつな，あおいかたまり。「あおくんです」。こう語られた瞬間に，だれもがそれを「あおくん」と了解する。あおくんが人間なのか犬なのかボールなのか，そんなことはどうでもよく，「あおくん」だと認めうる。ページをめくると「あおくんの　おうち　ぱぱと　ままと　いっしょ」。茶色いスペースが家だとすぐにわかる。こっちがぱぱで，こっちがまま。抽象性が高いのに，絵本の読者達はテキストどおりの絵だと納得してしまう。つまり「読み取れてしまう私」「感じ取れてしまう自分」がうれしくて，どんどん作品に寄り添っていくしくみだ。レオーニは画面だけでなく読者と作品との関係までも巧妙にデザインしてしまう。

さて，ストーリーが進むにつれ，読者と作品との親密度が高まっていくのと比例して，登場人物のあおくんときいろちゃんの親密度も増していく。そしてついには「うれしくて　うれしくて　とうとう　みどりに　なりました」。ここで，感覚的にわかるということでついてきた読者達に向かって「青＋黄＝緑」という色の混合原則を用いたやや理屈的な補強がなされる。「ふーん，なるほど」と思わずレオーニの意図に感嘆する大人読者と，混合原則など知らず，「あぁうれしくていっしょになっちゃったのね，ふたりでぴったりになっちゃったのね」と，あくまでよろこびの感覚だけを共有するちいさな人たち。この読みの様相の違いは，ストーリーの大詰めで，親達に自分の家の子どもではないといわれ，悲しみに暮れたふたりが，泣いて泣いて「ぜんぶ　なみだになってしまいました」ということばをどう受け止められるかにつながっていく。大人はつい混合の原則に匹敵する論理の補強を求め

こっちでも
「おや　この　みどりのこ　うちの　きいろちゃんじゃないよ」
きいろちゃんの　ぱぱと　ままも　いいました

「つまりは遠心分離機にかけるのと同じ原理か……となると泣くっていうことは自己解体というより自己の成分分析ともいえるな」などとつぶやいたりする。子どもは遠心分離機なんか知らなくても、つぶつぶになってしまったあおくんときいろちゃんを、指先でなでながら、その悲しみをやはり一瞬にして受け止める。

答えは作品の中に

十年以上前、この絵本について（これこそ大人読みであろうが）、どうしても腑に落ちないことがあった。それは、色が変わっただけでどうして我が子だとわからなくなるのだろうかということだった。足音だって匂いだって声だって、我が子とわかる手がかりは、いっぱいあるのに。わざとからかって「うちの　あおくんじゃないよ」「うちの　きいろちゃんじゃないよ」と言ったのだろうか。子どもにとって自分が自分であることを認めてもらえない恐怖は想像を絶する。深く傷つくことがわかっていながらなぜ……と腹立たしくさえあった。さらに、よその子を抱き上げて自分の色が変わることを体験して「やっと　わけが　わかりました」というのも、親としてあまりに情けない。レオーニにはどういう意図があったのだろうか？　私は手紙を出して問うてみた。直接返事をいただいた。

「あなたの疑問はわかりました。でもすべての答えは作品の中にあるのです。何度でもこの作品を開き、何度でも答えをさがしてください。」

この答えを私は、「作品に映し出される読者一人一人の読み、その読みはどれも間違っておらず、さりとてその読みだけにもあらず、毎回の新しい発見や疑問といっしょに、絵本は育てられていく。育つ力のある作品と信じて、この世に送り出している。」という風に受け取った。

強いテーマの影に

レオ・レオーニは、『あおくんときいろちゃん』以後、コラージュという手法を駆使し、意欲的に作品を発表し続けた。中でも『スイミー』や『フレデリック』『アレクサンダとぜんまいねずみ』などは、日本の複数の教科書の文学教材として採択され多くの読者を得ている。友情や連帯といった一見わかりやすいテーマが前面にでやすいが、それゆえはからずも、個が抱えゆかねばならない存在の哀しみも、その影に見え隠れする。何度も向き合い問いかけることを求められる作品群を残し、一九九九年、レオーニは逝ってしまった。

なお、藤田訳にそって「あおくん」「きいろちゃん」という呼称を用いたが、原文にそえば性差をその呼称に与えることの疑問が複数の研究者たちによって指摘されている。

『ゆきのひ』

エズラ・ジャック・キーツ文／絵，木島始訳

桂　宥子

コラージュの魔術師

偕成社，1969年（原書，1962年）

ドゥ・グラモンド・コレクションへ

一九九五年九月十八日、アメリカ合衆国の南東部に位置するメンフィス空港からプロペラ機に二度乗り換えて、ハチスバーグのパイン・ベルト空港に降り立った。空港の名が示すとおり、このあたり一帯には真っ直ぐ伸びた松の木（pine）が多く、かつては全米に電柱用の木材を供給していたという。町全体に入浴剤のような、清々しい匂いが漂っていた。私はここでサザン・ミシシッピー大学のドゥ・グラモンド・コレクションを

訪れた。同コレクションはカナダのオズボーン・コレクションと並び、児童文学の稀覯本の収集で世界的に有名である。H・A・レイ、バーバラ・クーニーをはじめ、アメリカの多くの絵本画家が原画や初版本等を寄贈している。エズラ・ジャック・キーツ（一九一六―八三）のスケッチ、ダミー、原画、初版本など多数の資料もこのコレクションに収集されている。サザン・ミシシッピー大学の児童文学のクラスではこうした資料を活用して授業が行われていた。

ピーターの誕生

サザン・ミシシッピー大学のキャンパスは広大で、アフリカ系アメリカ人の学生が多く、彼らの応対は丁寧で感じがよかった。年配の私の質問には、必ず「イエス、マム」と、敬称つきで返事が返ってきた。アメリカ南部には「サザン・ホスピタリティー」という言葉がある位、歓待の精神に溢れた土地柄と聞いていたが、古き良きアメリカの一端を垣間見たような気がした。キャンパスの学生たちを眺めていると、そのなかに青年となった『ゆきのひ』のピーターがいるような錯覚を覚えた。

キーツは絵本にはじめてアフリカ系アメリカ人の子どもを主人公に選んだ作家として知られる。そこで、キーツ自身もアフリカ系と誤解されがちであるが、彼自身はユダヤ系である。なぜキーツは『ゆきのひ』の主人公にアフリカ系少年を選択したのであろうか。

キーツは一九四〇年五月十三日の『ライフ』誌に掲載された、学校でマラリアの血液検査を受けるアフリカ系少年の写真を見たとき、可愛らしいと思った。最初は無邪気に微笑む少年が、「注射は痛いか？」と尋ね、それから、手を差し出す。最後に、注射が痛くて泣き出すところをとらえた一連の写真である。キーツはこの写真を切り抜いて仕事場に貼ったが、そのうち写真のことはすっかり忘れてしまった。

その後、絵本を創作する機会が巡ってきたとき、キーツはこの少年を主人公にすることを真っ先に思いついた。写真を切り抜いてから、実に二十二年の歳月が流れていた。つまり、ピーターは二十年以上も絵本作家の潜在意識

そこで　ピーターは、にこにこわらう　ゆきだるまを　つくったり、
てんしのかたちを　つくったりした。

©1962 by Ezra Jack Keats

のなかで育まれてきた主人公なのである。

天使の謎

『ゆきのひ』は、冬のある朝、窓の外に一面の銀世界を見つけた少年がフードのついた赤いマントを着て戸外に飛び出し、雪と戯れる体験をみずみずしく描いた作品である。少年は雪の上に足跡をつけたり、筋をつけたり、棒で木に積もった雪を落としたり、雪だるまをつくったりして雪と遊ぶ。その遊びのなかに、原文で「天使を作る」というのがある。私はこの意味がわからなかった。そこでドゥ・グラモンド・コレクションのキュレーターであるジョーンさんに尋ねると、「ああ、アメリカの子どもは雪の上に寝そべり、手足を動かして、天使の形をつくるのよ」という答えが返ってきた。長年の天使の謎がやっと解けた瞬間であった。

キーツの箱――絵本作りの舞台裏

ドゥ・グラモンド・コレクションでは、特注の箱の中に、画家たちの資料を保存している。キーツに関する資料も数多くの箱に保管されていた。中には一見がらくたの収集にしか見えないような箱もある。しかし、その中身を丁寧に調べていくと、キーツの絵本作りの舞台裏が見えてきて興味深い。例えば、彼は主人公を描く際に、実際のモデルを雇う他に、粘土で作った少年の小さな胸像やボンネットをかぶせた風船を使う場合がある。それらの写真をあらゆる角度から何十枚も撮り、それを参考にして主人公の絵を描いているのである。また、作品に登場する場面に関しても、工事現場など実際の場所に出向いて写真を撮影している。保管箱の中には、雑誌の切り抜き、パンフレット、包装紙、リボン、毛糸、カード、シールなど、コラージュに使う材料らしきものが詰まっているものもある。「キーツの箱」からは、地道な取材を重ね、資料収集を怠らなかった画家の絵本作りに対する真摯な姿勢や創意工夫の数々がうかがえ、興味深かった。

コラージュ

キーツは絵本にコラージュを取り入れ、新境地を開拓した。鮮やかなコラージュの色彩は、少年が初めて経験した雪の日を鮮明に甦らせている。この点が評価されて『ゆきのひ』はコールデコット賞に輝いた。またコラージュに使用する大理石模様の紙（marbled paper）もキーツ絵本の特色の一つである。彼はマーブリング、つまり墨流しの手法で、コラージュに使用する紙を自ら作成している。『ゆめ』では、アパートの各窓に、そこに住む子どもの夢の世界を象徴するように各種のマーブリングの紙が美しくコラージュされている。キーツのコラージュは紙ばかりでなく、写真、布切れなど多彩な素材を使用するので、しばしば「マルティプル・コラージュ」と呼ばれている。

キーツのこと

ポーランド系ユダヤ人の子として、ニューヨークのブルックリンに生まれた。高校在学中にナショナル・スコラスティック・コンテストに出品した油絵で一等賞を受賞する。第一次世界大戦中は空軍のカムフラージュ班に所属。復員後は、一年間ヴィジュアル・アーツ・スクールで教え、その後、ヨーロッパへ渡り、主としてパリに滞在する。帰国後、ブック・ジャケットをデザインするが、これが児童書の分野に進出する契機となった。子どもの想像力に注目し、その素晴らしさを賞賛したキーツは、ロバート・マックロスキー、モーリス・センダック等とともに主として一九六〇年代に活躍し、二十世紀アメリカ絵本の代表的な作家として揺るぎない評価を得ている。

『チムとゆうかんなせんちょうさん』

エドワード・アーディゾーニ作，瀬田貞二訳

ほそえさちよ

目の前の子どもに語りかけて

福音館書店，1963年／2001年新版
（原書，1936／1955年新版）

子どもの本の王道

子どもの本のはじまりがどこからなのか、いろいろ説があるけれども、はっきりとしているのは、目の前の子どもに語りかけ、それをまとめたものが子どもの本の創成期には多いということ。ビアトリクス・ポターは元家庭教師だった女性の子どもたちに、絵入りの物語と手紙を送り、ドイツの医師ホフマンも子どもへのクリスマスプレゼントに、絵入りの『もじゃもじゃペーター』（一八四五）を描いた。ヴァージニア・リー・バートンは絵本を作る前に何度も子どもたちにラフを見せて反応を見ていたという。また、デザイナーやイラストレーターが、自分の子どもの誕生を機会に、絵本を手掛けるようになったという例もたくさんある。子どもという存在が、いかにインスピ

レーションを与えるものであるか。小さな人の目を意識することで、世界の見え方は違ってきて、見え方が変われば、感じ方、とらえ方も違ってくるのだ。それが絵本を作る、読むということの大きな楽しみといえるだろう。

親が語る物語

親が子どもにせがまれてお話をする時、子どもの突飛なアイデアがお話を進ませる原動力となったり、子どもの顔がつまらなそうな時は細部をはしょってスピーディーに展開したりと、自在に語りの世界へと入っていく。このアーディゾーニもそんなお父さんだったはず。生涯にわたって描き続けられた、この小さな男の子チムのシリーズは、一巻目は息子のフリップに捧げられ、二巻目に登場する女の子は娘がモデルになっているといわれている。十巻目の『チムさいごのこうかい』に至っては、すべての孫たちに捧げられている。四十年もの間、描き続けられた十一の物語すべてが、子どもたちの前で語られたものではないだろう。でも、実際に絵本を手に取る子どもの顔がしっかりと見えた上で描かれたものは、やはり何か違うのではないかしら。どんなに危ない目にあったとしても、ラストは上々、チムは守備よく切り抜けて、意気揚々と家に戻る。そう語り終えた時に見た、息子や娘、孫の満足そうな顔が、アーディゾーニの目に焼き付いていたことだろう。だからこそ、チムのお話はすべて、ハッピーエンドなのだ。

わたしはチムの絵本を子どもに読む時、チムのお父さんやお母さんはどうしているのかしらと、いつも不思議に思ってしまう。けれど、子どもたちはまったく頓着せず、チムのすばらしい冒険に心をゆだねている。親にだまって、船に乗り込んで、そのまま居着いてしまうとんでもなさにどきどきし、小さな水夫として生き生きと仕事をする姿にあこがれ、嵐の海で船長と難破船にしがみつくページでは、こわそうに目をふせる。そして、救命ボートで波止場に戻り、暖炉の前でココアをのむところで、ほうっと深く息をつく。安心のラストをわかっているのに、いや、わかっているからこそ、こんなにも心を動かせるのかもしれない。これこそ、子どもの本の王道だろう。

物語る絵

アーディゾーニの仕事をみていくと膨大な数の挿絵の作品に圧倒される。エレノア・ファージョンの『ムギと王様』を代表とする作品集への挿絵は特に印象深い。重ねられた線の隙間から浮かび上がる光と影。影が濃ければ濃いほど、光もまた白く輝くことを、この絵で知った。アーディゾーニの描く人や子どものいる風景が好きだった。

挿絵で要求されるのは、物語の要諦を視覚化すること。それは、一種の解釈であり、何を描き、何を描かなかったかがまっすぐに問われる。しかも、それは作家の心に寄り添って行わなければならない。

絵本を描く場合にもそのスタイルは踏襲された。言葉はシンプルなまま投げ出されていても、過不足なく視覚化され、絵が状況を補って雄弁に語ってくれた。物語る絵に引っ張られ、字が読めなくても、ページをめくればお話がわかるようになっている。描かれる線はチムや船長をうごかし、物語もうごかしていたのだ。

生きている線

エドワード・アーディゾーニ（一九〇〇―七九）は線の画家である。墨色のペンの線が重なり、影や色を作る。人の表情は線に隠れて、はっきりと見えない時もあるのに、その背のまるまりや手足の動きの線で、どんな顔をしているのか、読んでもらっている子にはわかる。それが、彼の絵のすごさだ。

白黒ページと淡く水彩で色づけされたページが交互にあらわれる古風な作りであるのに、あきもせず、じっと絵を見ながら、子どもがお話を聞くのは、色のないところに色を見、隠れている表情を探っているからなのだ。それも、繊細なペンの動きの為せる技であり、イギリス絵本の主導者であった、コールデコットやウィリアム・ニコルソンから受け継がれた表現といえる。

お話にそって、場面をひとつひとつ描いていく方法は、お話を耳で聞きながら、見ていく子どもたちには、お芝居の舞台のようであるだろう。舞台の上では、チムや船員がセリフをいい、それがふきだしで描かれる。アーディゾーニ独特の手法であり、オーソドックスな絵にユーモラスな味つけとなっていて楽しい。

この絵本は現代の絵本に見慣れている大人から見たら、地味で動きのないものに見えるかもしれない。クローズアップはないし、人物は必ず背景を伴って描かれる。カシャン、カシャンと素人がスナップ写真をとったようなアングルで。でも、絵を読むという喜びと物語に浸るという楽しさが、絵本の大きな魅力であると、今も昔も子どもはよく知っているのだ。

「ぼうや、いきたいかい。だったら、てつだってくれないか」
チムは、おどりあがって　よろこびました。

おじさんの　はなしでは、あのきせんの　せんちょうが　むかしの　ともだちで、これから　こうかいに　でかけるので、おわかれの　あいさつに　いくのだ　ということでした。

『ぼくはおこった』

ハーウィン・オラム文，きたむらさとし絵／訳

野村羊子

子どもの怒りは地球をも壊す？

佑学社，1988年／評論社，1996年（原書，1982年）

怒りを描いた初めての絵本

初めてこの本に接したときは衝撃をうけた。少し大袈裟なようだが，怒りをこんな風に描けるのか，という新鮮な驚きと，子どもって本当にこうなんだよねえ，という共感と嘆息とを感じたのだ。怒りとは，悪いこと，抑えること，あるいは克服することであって，表現するものではないというのが，一般的な反応だろう。絵本の世界でも，ストレートに怒りを表現するものは少ない。例えば『スーホの白い馬』では，可愛がって育てた白い馬を我ままな王様に取り上げられても，その馬が矢を体に突き刺されながら逃げ戻ってきても，スーホは怒ることをしない。ただ悲しむ姿が，読者に感動を与えるのだ。

しかし、本来怒りとは、理不尽な扱いを受けたときに、沸き上がるもの。それは正当なものであって、決して否定されるものではないはずだ。『ぼくはおこった』では、それをちゃんと受け止め、怒っている子どもを決して責めない。子どもの怒りを、まともに扱った初めての絵本ではないだろうか。

とことん怒るエネルギー

幼い子がかんしゃくを起こし、怒りに怒ってしまう。そんな事態は、幼い子が身近にいる人ならすぐわかるだろう。発端は些細なことでも、一端スイッチが入ってしまうと、感情の爆発をコントロールできず、とことんまで怒り続けてしまう。どうなだめてもぜんぜんだめ。全てを壊してしまう勢いで、怒り疲れ、泣き疲れるまで終わらない。『ぼくはおこった』は、そういう子どもの状態を、目にみえる形でわかりやすく、しかも克明に描いている。

夢中になってテレビを見ていたアーサーは、お母さんに「もうおそいから　ねなさい」と言われ、「いやだ」と怒った、当然。もう少し大きい子なら「終わるまで待って」と交渉するだろう。しかし、「おこりたければ　おこりなさい」といわれてしまえば、怒りを爆発させるしかない。アーサーが「おこると　かみなりぐもが　ドカンとなって　いなずまがはしり　ひょうがふった」。画面奥の廊下の向こうの窓から、白い稲妻がジグザグと画面中央へ走り、絵はひび割れたようになっている。家具が傾き転げている中で、稲妻形の口をしたアーサーが腕組みしている。「もう　じゅうぶん」と物が散乱している階段の踊り場でお母さんは言った。しかし、アーサーは怒ったまま、長靴を履いて外に出る。家の窓ガラスは全部割れ、窓枠が落ちかけ、ドアも外れている。さらに、屋根や煙突、教会の塔も吹き飛ばし、アーサーは怒り続ける。「もう　じゅうぶん」と車が横倒しになった脇で、お父さん。そこへ大水が押し寄せる。二階建てバスも流され、町は海に沈んでしまう。「もう　じゅうぶん」と、海に浮かぶ筏に座るアーサーにおじいさんが言った。しかし、アーサーはそっぽを向く。まだ怒ると「ちきゅうに　バリバリひびがはいって」壊れてしまった。「もう　じゅうぶん」とおばあさん。「でも　まだまだ」。宇宙をふるわせ、星

アーサーが　おこると
ちきゅうに　バリバリ　ひびがはいって
たまごみたいに　こわれてしまった
「もう　じゅうぶん」おばあさんが　いった
でも　まだまだ

も惑星も「アーサーのくにも　アーサーのまちも　どうろも　いえも　にわも　へやも」木っ端みじんにくだいてしまった。

文章は簡潔で、歯切れよく、最低限のことしか語らない。言葉だけ見ると、暴力的に見える。しかし、絵がきっちりカバーしている。アーサーが怒ったら、部屋や家がどうなったのか、町や地球がどうなったのかを、ユーモラスに描いて見せてくれるのだ。お父さんはガウンを着、新聞を手にアーサーに語りかけるが、その画面右奥の街路から水が押し寄せてきている。大水に沈んだ画面では、アーサーと一緒に登場し続けるネコが、魚を満足げにくわえている。地球にひびを入れた時は、宇宙服を着たおばあさんが、宇宙空間でいつもと同じように揺り椅子に座って編み物をしている。宇宙をふるわせた時、アーサーの身体はずらし重ねて描かれ、更にはねじ曲げられ回転していく。そして、アーサーの顔は、怒りのへの字から、不安なへの字へと微妙に変化していく。

怒りをユーモラスに描く

幼い読者に安心感を与える

また彼等は、常に部屋の中にいることが暗示されている。おとうさんのそばには、居間のソファーが倒れ、おばあさんの横のやかんのかかったストーブとラジオも、テレビのそばにあったもの。絵の中にさり気なく小道具を描き込むことで、アーサーの怒りは、宇宙を木っ端みじんにしたが、現実には、家から一歩も出ていない事が示される。それは、ネコがずっと一緒にいることと同様に、幼い読者に安心感を与えるだろう。

そして、ラストの場面。火星のカケラの上のベッドに不時着したアーサーは、頬杖ついて考えた。「ぼく　どうしてこんなに　おこったんだっけ」。思い出せないまま、アーサーはパジャマに着替え、衣類は宇宙に漂わせたままベッドにもぐりこんで寝てしまう。これで、読者はほっとして笑っておしまいにできるだろう。文章には「寝る」などとはひとことも書いていないにもかかわらず。

画家のきたむらさとしは、これがデビュー作。この絵本で、イギリスの新人絵本作家に贈られるマザーグース賞を受賞。絵本にっぽん賞も受賞している。一九五六年東京に生まれ、一九七九年に渡英。イラストを持って出版社をめぐっていた時に、この絵本の話を受けたという。現在は日本とイギリスを行き来しながら、絵本作家、イラストレーター、翻訳家として活躍中。

作家のハーウィン・オラムは、南アフリカで生まれ、大学卒業後に渡英。コピーライターやテレビ番組や子ども向けミュージカルの脚本などを手がけており、子どもの本や絵本も書いている。

絵本は、絵と文章のコラボレーション。『ぼくはおこった』のテーマは地球をも壊す怒りだが、作家と画家はこの絵本で幸せな出会いをし、新たなつながりを読者とつくったと言えよう。

『オリビア』

イアン・ファルコナー作，谷川俊太郎訳

中川素子

子どものエネルギーが充満した絵本

あすなろ書房，2001年（原書，2000年）

元気すぎるオリビア

表紙には、子ブタの女の子が赤いワンピースを着て、すくっと立っている。この女の子こそ、子どもが発する渦巻くエネルギーに、世界中の読者を巻き込んでしまったオリビアである。さあ、表紙をめくって、オリビアの生活ぶりを見てみよう。

見返しには、あらあらあらら！　脱ぎ捨てられたTシャツやらパンツやサングラスなどが一直線上に並んでいる。その先をたどってページをめくると、またまた赤いソックスが脱ぎ捨てられ、ワンピースを頭からかぶろうとしているオリビアがいる。表紙絵も扉絵も、いくつもの服を試した後、やっと今日一日着る洋服が決まって満足そうなオリビアだったというわけだ。

オリビアは、おとうさん、おかあさん、弟のイアン（作者と同じ名前だ）、それにペットの犬や猫と一緒に住んでいる。ペットたちは、動物の生態のままだが、オリビアの家族は二本足で立ち洋服を着て、人間のように暮らしている。ブタでありながら人間でもある家族のどんな姿勢や表情をも、イアン・ファルコナーは、軽々と洒脱に描き出している。ちょっぴり生意気、でもとっても愛らしいオリビアの性格は、作者のこの描写力により生きているといえるだろう。

夢を現実として生きることに天才的なオリビアは、おしゃれな貴婦人にも、素敵なバレリーナにも、建築家にもなれる。オリビアが周りの家族を振り回し、自分の夢にかける集中力は、素晴らしいとしかいいようがない。

オリビアは、とんだり、はねたり、走ったり、逆立ちしたり、歌ったり、みんなをへとへとにするだけでなく、自分までへとへとにしてしまうくらい、休むということを知らない。ひるねなんかもちろん大嫌い。それに注意をしてないと、あっというまに何かをしでかすのだ。

エネルギー表現の工夫

このオリビアのとどまる事を知らないエネルギーを表現するために、作者は三つの工夫をしている。まず一つ目は、元気印の赤い色をオリビアに使うことである。全体に白地を生かしたモノクロ画面に（といっても、使用しているインクはブラックだけでなく、四色分解だが）、オリビアの洋服やアクセサリーや小物だけに赤色を塗っている。おとうさんはグレイのズボンに黒いネクタイ、おかあさんは白いブラウスに黒いスカート、イアンは白と黒の縞のシャツと家族みんなが地味な脇役に徹し、このオリビアの赤を印象づけている。

二つ目は、同じ画面内にいくつも出現して動き回るオリビアである。作者は異時同図を時間軸にそう動きとしてよりも、オリビアのエネルギーを表現するために使っている。異時同図内のオリビアの一つ一つの時間順序は問題にはされていない。エネルギーの絶対総量として示すことだけを目的にしているからだ。

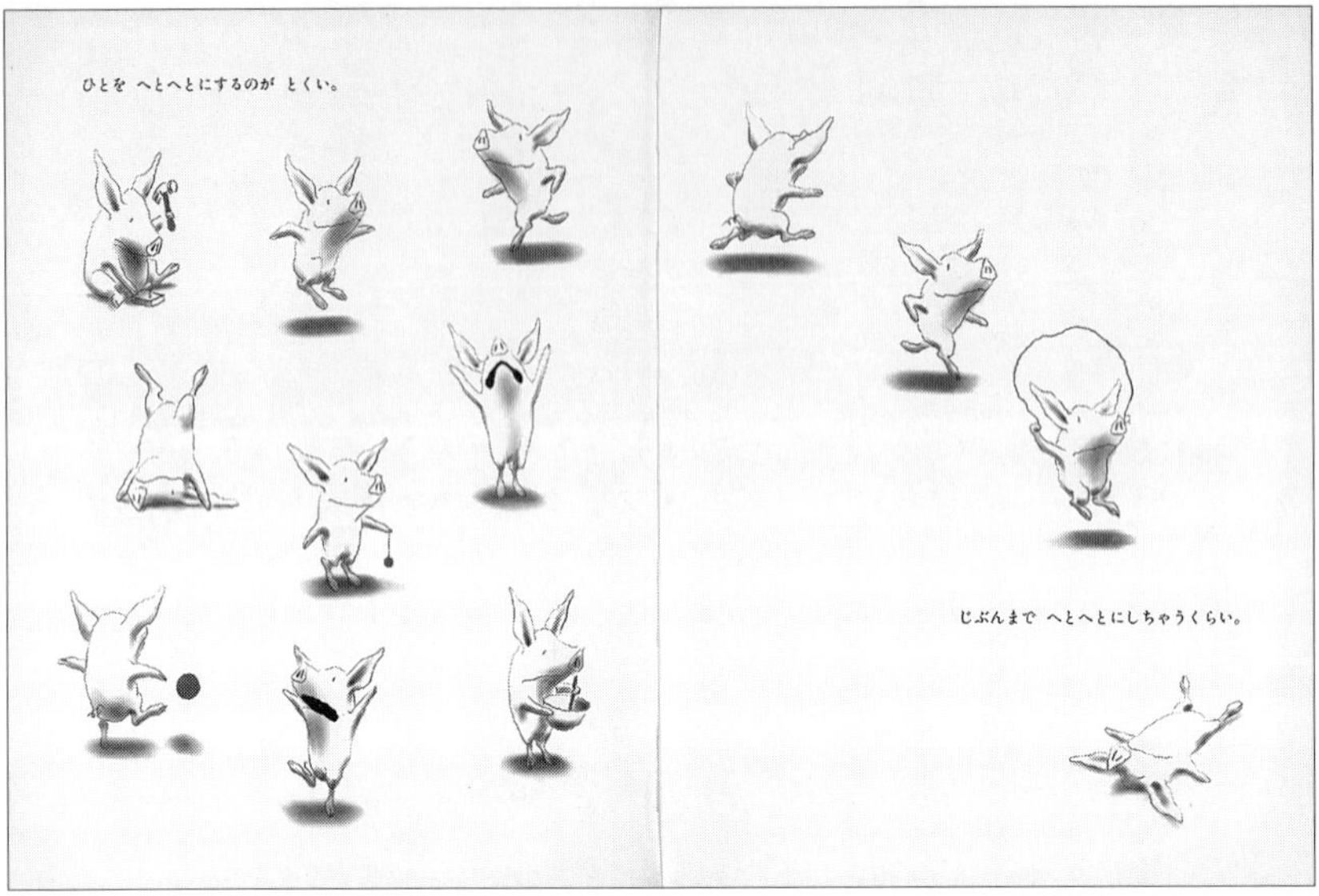
ひとを へとへとにするのが とくい。
じぶんまで へとへとにしちゃうくらい。

たとえば、右下でオリビアがへとへとになってのびている画面では、十二のオリビアがとんだり跳ねたりしている。朝、着替えをする時に全部の洋服を試さないとだめという画面では、水着を着たり、靴をはいたり、リュックサックをしょったり、サングラスをしたりと、十七ものオリビアが並んでいる。そのどの服も気に入らなくて脱ぎ捨てたのが、先述の見返しに並んでいたというわけだ。

三つ目は、作者が引用した絵画である。エドガー・ドガの「舞台上でのバレエのリハーサル（Ballet Rehearsal）」とジャクソン・ポロックの「オータム・リズム（Autumn Rhythm）」のそれぞれ一部が美術館に飾られた絵として引用されている。オリビアは雨の日は美術館へいくのが好きだが、それは絵画を外側から鑑賞するためではなく、絵の中に没入するためである。ドガが描くお気に入りのバレリーナの絵をじっとみつめるオリビアは、既に心の中ではティアラをつけて舞台で踊るバレリーナになりきっている。

ジャクソン・ポロックの絵を前にすると「こんなの　わたしでも　5ふんで　かけるわ」とおかあさんにいう。家に帰っておかあさんが気がついた時にはすでに遅かりし、壁や床に絵の具が飛び散っていた。

引用した絵画の意味

イアン・ファルコナーが、オリビアの生気を引き出すのに、抽象表現主義の画家、ジャクソン・ポロックの絵を引用したのは正解であった。ジャクソン・ポロックは、アメリカ先住民の地面に描く砂絵を見てヒントを得、床にキャンバスをおいて、その周囲から刷毛でスパッタリングしたり、缶に穴をあけてドリッピングしたりと、今までの絵画の概念をまったく変えてしまった。身体行動を伴った絵であり、心の激しさと身体性とが絵に昇華して、見る人の心と身体をもむずむずと動き出させるのである。オリビアも火をつけられてしまったのだ。

「オリビア」シリーズの五作、『オリビア』（コールデコット賞オナー）、『オリビア サーカスをすくう』『オリビア……ときえたにんぎょう』『オリビア バンドをくむ』『オリビア クリスマスのおてつだい』は、すべてオリビアがベッドで寝ている画面で幕をとじる。このオリビアの深い眠りが明日のエネルギーの元となり、私にも経験があるが、母親のつかの間の休息となる。また読者のオリビアに感じる「困ったちゃん」を「愛しい天使」に換えてしまうのである。

イアン・ファルコナーは、雑誌『ニューヨーカー』の表紙画を幾度か描いたイラストレーターだが、ニューヨーク・シティバレー団、サンフランシスコオペラ劇場、ロンドンのロイヤルオペラハウスの舞台装置や衣装デザインも手がけているようだ。バレリーナの着るタイツをはいてオリビアが踊る描写の確かさや絵本に表現された空間感覚の素晴らしさもなるほどと思わせるし、ドガの絵を引用したのも、バレーに興味があったからにちがいない。

シリーズの中では、この第一作目の『オリビア』が、オリビアの性格がシンプルに浮き彫りにされていてチャーミングである。

コラム①

翻訳絵本の作り方

ほそえさちよ

毎年一二〇〇から多い時は一五〇〇冊もの絵本が刊行される日本。世界的に見ても立派な絵本大国だ。絵本を子どものものと見なしていた欧米よりも、絵本の持つグラフィックな魅力を高く評価しているのが近年日本の読者の特徴だと言えるかもしれない。絵本を手にする大人の読者の多さが、日本で刊行される絵本の質や量、ヴァラエティに富んだ選択の幅を支えていると言ってもよいだろう。

一年に刊行される絵本のほぼ三分の一は英米、ヨーロッパの絵本を翻訳したもの。この翻訳絵本率の高さも日本の絵本界の特質であり、欧米で発展した近代絵本を長年取り込み、研究してきた結果とも言える。戦後日本の児童書界は、一九五〇年代頃から始まるアメリカの絵本黄金時代の絵本の紹介、翻訳を積極的に進めてきた。それを支えてきたのは、欧米で発達した近代絵本の流れを研究し、それを消化し、自分のものとしてきた翻訳家や作家、編集者だったといえよう。

書店の棚を見れば、コールデコット賞やボストングローブ・ホーンブック賞、グリーナウェイ賞など英米の主な絵本賞の受賞作は、翌年か翌々年には翻訳刊行されているし、ボローニャ児童図書展での注目作も早速、翻訳刊行されるようになってきた。ある一定の評価を受けた絵本に対し、素早く検討し刊行を決めることができるようになっているのも、版権エージェントや翻訳家、編集者などが、日頃から出版動向を見極め、情報を集めているからだ。

翻訳絵本の刊行にはふたつの選択が大きな位置を占める。それは原本を選ぶということと翻訳者を選ぶということだ。この二つの選択眼を鋭く持つことが編集者には特に求められるように思う。翻訳する絵本を決めるためには、先述した版権エージェントからの新刊、受賞情報や書評などを参考に、日本で刊行される意義を持った本かどうか検討される。内容がよくても日本の子どもたちに馴染みのない設定であったり、イラストに魅力がなかったりすれば、容赦なくはねられるだろう。創作絵本とちがい、既に出来上がったものとして何度でも読み、眺めることができるため、翻訳絵本の場合、クリアする基準が自ずと高くなり、刊行されるものの水準が高くなるというメリットがある。

絵本の翻訳は、単純に意味を日本語に移せばよいというものではないのが、難しいところ。読者対象を見極め、それに似合った日本語を選択し、描かれている絵を読み込み、言葉と絵のバランスを解釈しながら、耳から入る、音としての日本語を大切にしなくてはならない。描かれる世界を存分に楽しみ、その〈絵本の声〉に耳を澄ます。どんな調子で誰に向かって語っているか。柔らかな声で歌うように語りかける絵本もあれば、ぶっきらぼうで言葉少なな声の絵本もある。絵本が語りかけてくるものをどう日本語に換え、読者に手渡すか、それを誰に依頼するかは、翻訳絵本を担当する編集者の腕の見せ所であり、翻訳絵本の出来を左右する大事な選択なのだ。レオ・レオニと谷川俊太郎、トミー・アンゲラーと今江祥智、エドワード・ゴーリーと柴田元幸……現在まで何組もの翻訳者と絵本のゴールデン・コンビが生まれているが、そんな組合わせを見つけられた時のうれしさといったら！

最近の翻訳絵本の傾向として、定番のロングセラー作家や新たに再評価された作家の復刊絵本の翻訳が多いことが挙げられる。日本ばかりではなく、欧米でもそれは顕著な現象である。ドイツでのオルファースの再評価しかり、アメリカの一九五〇年、六〇年代に刊行された絵本の再評価、デュボアザン、ドン・フリーマン、フランソワーズ、マーガレット・ワイズ・ブラウンなどの本国での復刊、その翻訳本の刊行なども、子どもを見つめる確かな大人像、成長する存在としての子どもへの信頼など、現代の絵本ではなかなか描きにくい、大らかな温かなまなざしでもって作られた絵本の持つ輝きを、みなが求めているからではないかと想像する。

欧米でも日本でもグラフィカルな魅力に満ちた絵本は現在たくさん刊行されている。様々にデザインされ、手元に飾っておきたい、眺めていたいと思う、〈モノとしての魅力〉を備えた器としての絵本は増えていると言えるだろう。でもその器に盛られたスープはといえば、思っていたより味が薄かったり、辛かったりと、好みの分かれるものが多く、幼い子どもから大人にまで身体と心を満たす滋味深いスープになかなか出会えないというジレンマがあるのではないか。そんな時、復刊された素朴な器に入ったオーソドックスなスープがおいしく、何度も飲みたいと思うようになるのかもしれない。

絵本の魅力は読む読者によって作られる。新しい作家の意欲あふれる作品も今は亡き作家の知られざる佳品も、読み選ばれることで新たな魅力を得て、次の世代へと受け継がれていくものなのだ。その一番最初の読者として、編集者は自らの目を信じ、伝えたいものを手渡していっているのだと思う。

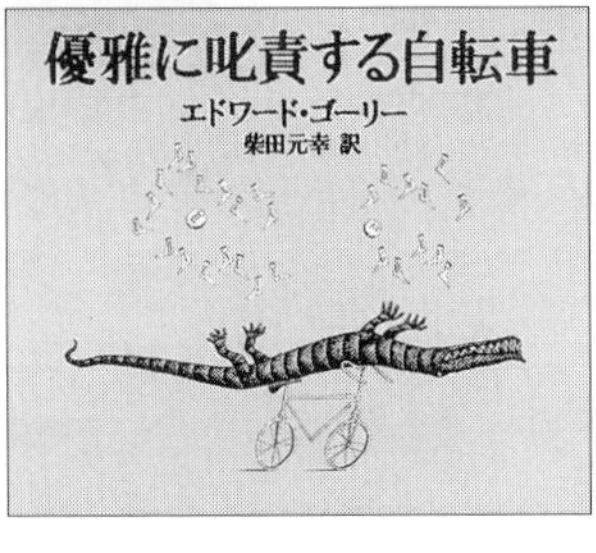

『フレデリック――ちょっとかわったのねずみのはなし』（レオ・レオニ作，谷川俊太郎訳）好学社，1969年。
『すてきな三にんぐみ』（トミー・アンゲラー作，今江祥智訳）偕成社，1969年。
『優雅に叱責する自転車』（エドワード・ゴーリー作，柴田元幸訳）河出書房新社，2000年。

II　数えきれない，命のきらめき

『ルピナスさん
——小さなおばあさんのお話』

バーバラ・クーニー作，掛川恭子訳

灰島かり

絵本で人の一生が描けるか？

ほるぷ出版，1987年（原書，1982年）

生涯を描いた絵本

絵本というメディアは、「生と死」や「愛」など、根源的かつ哲学的なテーマがわりあい得意だ。だが、人の一生を描くことができるだろうか？　一生となれば、様々な出来事や人間関係を描かねばならず、ある程度の長さが必要だろう。とうてい絵本向きとは思えないのだが、バーバラ・クーニーの代表作のひとつ『ルピナスさん』は、一人の女性の生涯を描いて、成功している。モデルとなっているのは、作者の大おばさんのアリスであり、作者自身が「伝記三部作」と呼んでいる絵本の最初のものである。

描かれたものと描かれなかったもの

何とも効率のいいことに、『ルピナスさん』は、描かれたものだけでなく、描かれなかったことからも、物語るものがあるのだが、まず描かれたものを見てみよう。

二十世紀初頭のアメリカ。少女アリスはおじいさんと「世の中を、もっとうつくしくするために、なにかすること」を約束する。アリスは世界を旅し、生涯の終わりに近づいたときに、この約束を果たすために、自分の国に帰ってくる。アリスのしたこと、それは村中にルピナスの種をまくことだった。やがて村は、ルピナスの咲き誇る美しい村となる。

「ルピナスさん」と呼ばれるようになったアリスは、姪の小さなアリスと、同じ約束を交わす。最終場面は、姪のアリスがルピナスを抱えて走る、心躍る場面だ。「(小さなアリスは)なにをすればいいか、いまはまだわかりませんが、きっといつか、わかる日がくるでしょう」。絵本はここで終わっている。だがこの小さなアリスには、作者であるバーバラ・クーニーが重なっており、少女はやがてたくさんの美しい絵本を作ることになる。

では、描かれていないものは何かと言えば、ルピナスさんの恋愛や結婚、受けた教育やキャリア、経済状態など、いわゆる経歴の類だ。もちろん絵本で一生を描くには、テーマをしぼる必要があっただろう。だがこの切り捨てから、世間が言う「生涯の一大事」など、大した問題ではない、という作者の感性が伝わってはこないだろうか。クーニーにとって大切なのは「生涯の一大事」ではなく、ルピナスの花、あるいはそれが象徴する魂の問題なのだろう。

ルピナスさんの姿勢

ルピナスの花が広がる、そして世代を越えてつながるというテーマは、美しくて絵になる。とはいえ、このプロットを読んで、やっぱり絵本向きの甘い話じゃないの、と思う方、その感想はごもっとも。少々甘い筋立てのこの絵本が、人の一生の深みを感じさせるには、どこかにしっかりとした

リアリティがなくてはならない。
その話の前に、まずクーニーの絵の特徴を見てみよう。『ルピナスさん』の絵は多くが真横から、人間の目の高さで描かれている。絵には影がなく平面的。これはグランマ・モーゼスなどのアメリカのフォークアートの絵に近い。フォークアートは、つまり素人の絵だから、遠近法や明暗法にはこだわらずに（というより、そのテクニックを持たず）、暮らしのひとこまを綿密に描写した作品が多いが、クーニーの絵もまったくそんなふうだ。
クーニーはルピナスさんを描くときに、ほとんどを横向きのロングショットでとらえている。顔が小さくて横向きだから、表情は読みとりにくい。この真横からの視点は、表情や情緒でなく、ルピナスさんの姿勢を描くのに適している。
そう、大切なのは、この「姿勢」なのだ。これが、ルピナスさんをリアリティのある女性たらしめている。表紙を見てほしい。ルピナスさんはあごを上げて、風に向かって（結った髪のほつれ毛だけがなびくというつつましやかさだが）ひとりで歩いている。自分の人生を自分で引き受けている人は、こういう姿勢で、こんなふうに歩くにちがいない、と納得させられてしまう。ついでにこの姿勢からは、ルピナスさんの持っているひとかけらの奇矯さも感じられて、これもおもしろい（自分らしく人生を生きようと思ったら「へんな人」になる勇気を持たなくちゃね）。

おわかりいただけただろうか。クーニーは一見素朴な絵を描きながら、姿勢ひとつで、一人の女性のあり方をリアルに感じさせるという、大変なテクニックの持ち主だったのだ。

時間を縫いこむ

もうひとつのリアリティは、背景の細部にある。クーニーは、窓の形から帽子のリボンにいたるまで、当時の形を取材しててていねいに描きこんでいる。だから一枚一枚の絵は、実に誠実に二十世紀初頭の暮らしの細部を見せてくれる。その細やかさこそがクーニーの魅力であり、凡百の甘い絵本からこの作品を隔てるものなのだが、まるで忍耐強く細かい針仕事のようだ。

そしてここが肝心だが、針仕事のような綿密な絵がつながると、絵の向こう側を時間が流れはじめる。まるでクーニーが絵に縫いこんだのは、時間だとでもいうように。

チクチク、チクチクと彼女の針が動いていくと、私の心臓もチクチク、チクチクと共鳴する。クーニーの針と私の心臓、両方が共鳴するのは、たぶん、毎日の小さな暮らしを重ねていく人生の美しさ、その玄妙さというものではないだろうか。

絵本が「人の一生」を語りうることを、私はクーニーの絵本から教わった。

バーバラ・クーニー（一九一七―二〇〇〇）は、アメリカのメイン州生まれ。アメリカの古き良き時代を描くことを得意とした。亡くなった年の前年に『満月をまって』を出版している。八十一歳で出版された絵本は、見事にみずみずしく、作者自身が美しく年を重ねたことを思わずにはいられない。

『はらぺこあおむし』

エリック・カール作，森比佐志訳

今井良朗

デザインされた絵本を遊ぶという感覚

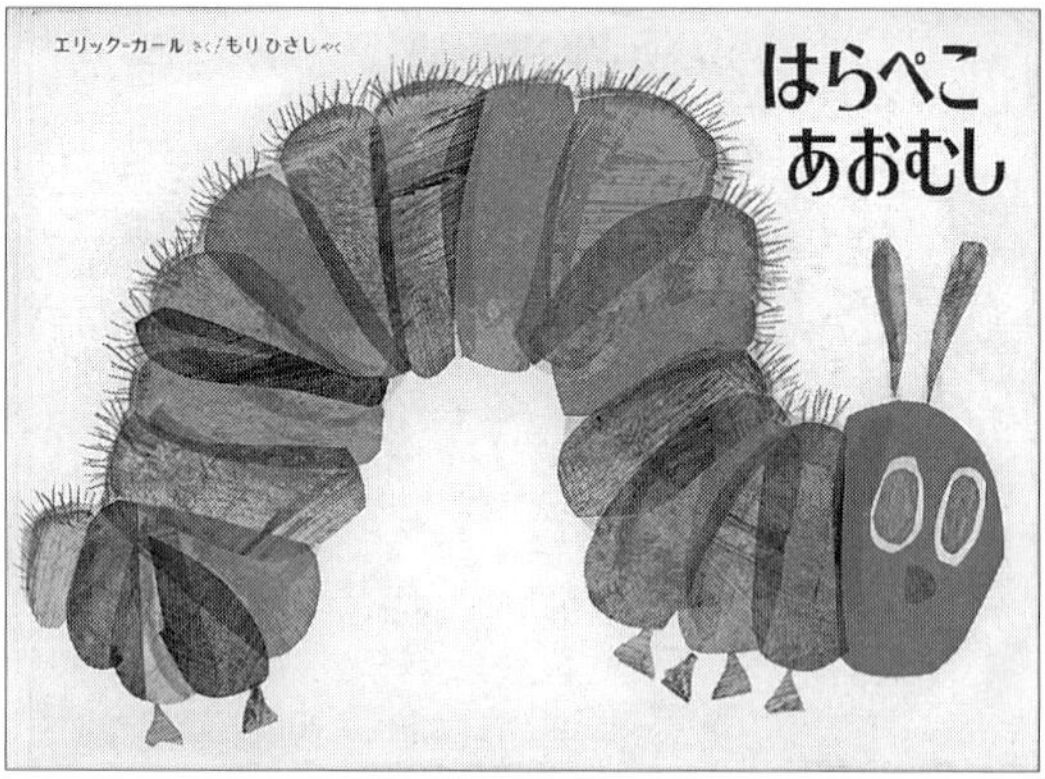

偕成社，1976年（原書，1969年）

絵本を遊ぶ

『はらぺこあおむし』は，エリック・カールの作品の中で最も親しまれている絵本であり，カールの出世作でもある。ストーリーは，おなかの空いた小さなあおむしが，おなかいっぱい食べて最後はきれいなチョウになるという，とてもシンプルなもの。しかし，本を開くと，色鮮やかな画面が目に飛び込み，あおむしが登場するところから，もうこの絵本の世界に引き込まれてしまう。りんご，なし，すもも，いちご，オレンジ，日に日に食べる数が増えていく。りんごが一つだけ描かれた幅の狭いページは、数が増えるに従ってだんだん広くなっていく。それぞれには、直径一センチほどの穴が空いていて、あおむしが次々に食べていく様子が立体的に把握できる。

りんごやなしの真ん中に小さく空いた穴と、少しずつ幅が広くなるページという、ちょっとした仕掛けなのだが、このわずかな仕掛けによって、ページとページの間に立体的な空間がつくられる。子どもたちは見るだけでなく、触ったりのぞいたりしながら、絵本の空間の中に引き込まれていく。身体的な対話が始まるのである。むしろここでは、絵本を読むというより、遊ぶ感覚に近づいていくのかもしれない。まさに体感的に絵本にかかわっていく。しかも、圧巻はケーキ、アイスクリーム、チーズ、キャンディー、すいかなどがずらっと並ぶページ。本来あおむしが食べるはずがないものも、子どもにとっては大好きなものばかり、好きなものを食べたいだけ食べるあおむしに自分を重ね、すっかり夢中になっていく。そして最後は、あおむしがきれいなチョウになることで、子どもたちは、驚嘆の声を上げる。導入から展開、さらに最後の結末まで、決して子どもを飽きさせない、見事な構成である。

カールの絵本の特徴は、子どもの発想、日常がそのまま反映していることだろう。子どもは、食べもののお話が好きだ。好きな食べ物がたくさん描かれていて、それをおなかいっぱいになるまで、どんどん食べていくあおむしに自分を重ねる。好きなお菓子を食べられるだけ食べてみたいという子どもたち誰もが持っている欲求を刺激する。日常と重なる分かりやすさ、子どもにとって身近なことだから親近感を持つことができる。

カールの絵本づくりは、子どもたちにいかに興味を持ってもらうか、というところから始まる。テーマも画面の構成も色彩もすべてそうだ。そのために仕掛けも施される。グラフィックデザイナーとしての経験がそうさせるのだろう。だから子どもたちは、直感的に理解し、カールの世界に導かれる。まさにデザインされた絵本なのである。

色彩やかなテクスチャー

鮮やかな色彩とコラージュもカールの絵本には欠かせないものであり、独自の技法がカール固有の絵本の世界をつくり出している。カールは、素材そのものをつくる。色紙は、

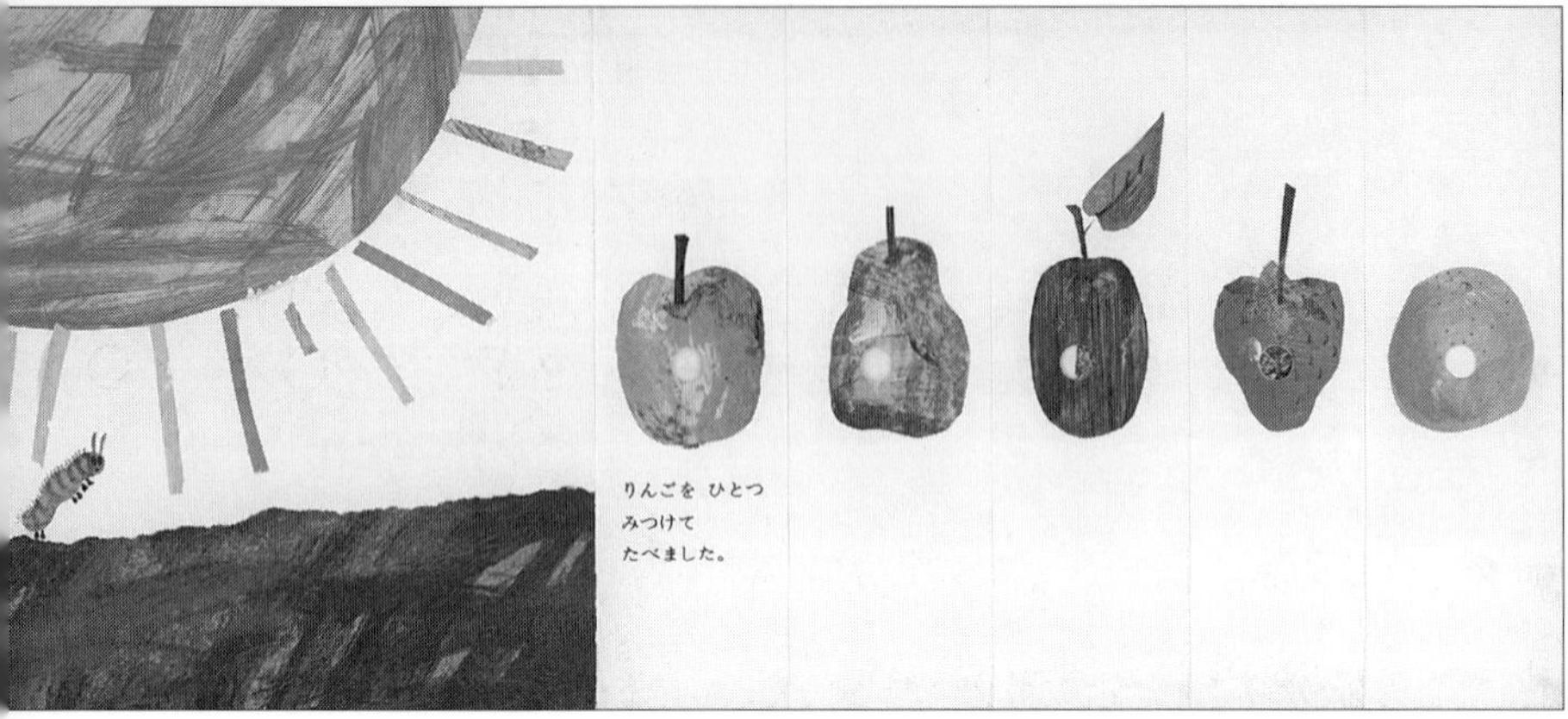

©1969 & 1987 by Eric Carle

薄い紙に自分で色をつけ染めたものだが、アクリル絵具が透明感のある鮮やかな色彩を生み出す。筆で塗るだけでなく、こすったり、ひっかいたりとさまざまな手法を用いることで、独特の質感と模様が表れる。印象派の絵画からもヒントを得たというこの手法は、計画性と偶然性を合わせ持ち、カールの創作活動の基盤にもなっている。

混ざり合った色と模様は、単なる色面ではなく、自然や物質のテクスチャーの抽出であり、そこにはカールの世界として、さまざまな意味を含み込む。あたかも色の宇宙を成している。つくりためられた大量の色紙は、分類されマップケース（大型の引き出し収納棚）にストックされているが、引き出しの中は、カールの記憶や思考、イメージの貯蔵庫でもある。色紙をつくるとき、いつどんなふうに使うかは考えない。数カ月後あるいは数年後に取り出されたときはじめて生き生きとした形が与えられる。

カールの制作過程は、色紙の引き出しにアクセスしながら絶えずイメージを重ねていく。計画どおりに絵を仕上げていくのではなく、手が動いている間中、思考と想像は留まることがない。頭に浮かんだ新しいイメージが引き出しの中の色紙を探す。このような途切れなくイメージを働かせる制作プロセスが、読み手と時間を共有させるのだろう。

描かれないリンカク

カールの絵にはリンカクがない。絵を描くのではなく、色を持ったパターン、素材がパーツとして自在に組み合わされてできている。用いられる技法は、平面上に紙片、印刷物などを貼り付け構成するコラージュという手法である。意外性や偶然性を取り入れ、まず自分自身の感覚世界を研ぎ澄ますところから出発する。ナイフやハサミでカットされた素材は、自在に組み合わされていくことで、関係づけられ全体を構成するが、決して閉じられた形ではない。動きと広がりを持ち続けるのである。

リンカクにとらわれないということは、既成の形にとらわれない、既成概念にとらわれないということでもある。大胆に面としてとらえたとき、鮮やかな色彩が、パターンが、質感が生き生きと浮かび上がる。すべてのものは、形態の模写ではなく、構造としてとらえられる。感覚的にとらえられた形態は、読み手のイメージを束縛しない。明確なリンカク、細部が描かれないために見るものの連想作用に強く働きかけ、読み手は、イメージを増幅させながら楽しむことができる。

木を見たり、描いたりするとき、一枚一枚の葉っぱを細かく見たり、描いたりするよりもまず全体として把握する。それと同じことで、描く方も見る方も感じ方、楽しみ方は自由である。カールのあおむしは、実際のあおむしと比べると随分デフォルメされている。それでも疑いなくあおむしであり、読み手は、カールの世界を楽しみ、さらにイメージを飛躍させ、頭の中で動かしてみる。あおむしは、いつまでも留まることがない。

エリック・カールは、一九二九年にニューヨーク州シラキュースでドイツ人の家庭に生まれた。六歳のときドイツに戻り、シュツットガルト造形美術大学卒業後アメリカに再び戻り、グラフィックデザイナーとして活躍した。一九六八年はじめての絵本『一、二、三　どうぶつえんへ』でボローニャ国際絵本原画展グラフィック賞を受賞。絵本の仕事に専念し数多くの作品を手がけた。『はらぺこあおむし』は、三十二カ国で出版されている。

『はなをくんくん』

ルース・クラウス文，マーク・シーモント絵，木島始訳

高鷲志子

春の訪れをよろこぶ

福音館書店，1967年（原書，1949年）

絵本の語るよろこび

絵本ではあらゆることが語られる。デブラ・フレイジャーの『あなたがうまれたひ』では一人の人間の誕生が、宇宙の神秘的なつながりのなかで語られ、ジョン・バーニンガムの『おじいちゃん』では、女の子の視点から、おじいちゃんとの交流とその死がおだやかに語られている。そして絵本はこの生と死のあいだにあるあらゆることを物語るのである。

絵本はまた、日々の営みのなかのささやかなよろこびを静かに語ることを得意としてもいる。さとうわきこの『せんたくかあちゃん』では、洗濯の大好きな「せんたくかあちゃん」が、洗濯のよろこびを「ラムネのんだみたいにすっとす

る」と表現する。洗濯板でごしごし洗う洗濯なんてごめんだと思うが、それでもこの絵本を読むと、私たちのまわりに存在している日常のよろこびを伝えることこそが、生きてゆくことと結びついているのだと実感される。

ここで紹介する『はなをくんくん』にも、原題 *The Happy Day* に表されているように、絵にも文にも素朴なよろこびがあふれている。まず、ストーリーを追いながら絵に描かれたよろこびを見てみたい。

絵のよろこび

雪の中で動物たちが眠っている。野ネズミも、クマも、カタツムリも、リスもヤマネズミも冬眠中である。ところが、動物たちは突然目を覚まし、鼻をくんくんさせる。

野ネズミはちょろちょろ動きだし、クマはまだ眠そうな顔つきで、画面右方向を向いている。カタツムリは角を出してもぞもぞしているし、リスは木のうろから、ヤマネズミは穴から顔を出す。そして、野ネズミも、クマも、カタツムリも、リスもヤマネズミもそろって、いっせいに走り出す。動物たちは雪の降るなかを進む。鼻をくんくんさせながら、みんなが同じ向きで走っている場面は躍動感にあふれ壮観である。動物たちが、雪を蹴たてて走る音も画面から聞こえてきそうだ。

そして、動物たちは、突然止まる。動物たちは、大きいのも小さいのも車座になって、笑い、踊りだす。雪の中に黄色い花が咲いていたのである。

表紙には、黄色を背景に、白く抜かれた楕円のなかに登場する動物たちの「よろこび」の姿態や表情が描かれている。ここに描かれたクマの足の肉球やリスのしっぽに触ってみたいと感じるのは私だけだろうか？　幼い子どもたちが、ぐりとぐらが作ったおいしそうなカステラを奪いあって食べるしぐさをするように、私はクマの足の裏に触れてみたい。これも絵本の絵が与えてくれるよろこびである。

よろこびのクレッシェンド

マーク・シーモントの絵になるこの作品は、見開き全十四場面からなっていて、うち十三場面は、白い画面に黒コンテ一色で描かれている。森や野原に眠っている動物たちが目覚め、走り、

みんな　はなを　くんくん。みんな　かけてく。
のねずみが　かけてく、
くまが　かけてく、

止まり、花を見つけ、驚き、笑い、踊る一連の流れをもつ場面は、さながらクレッシェンドの高みにのぼりつめて終わるラヴェルの「ボレロ」を絵で見ている気分にさせられる。

　動物たちが雪の降るなか、静かに眠っている場面が四場面。彼らが目覚め、鼻をくんくんさせる場面が四場面。そして、鼻をくんくんしながら駆けてゆく場面が四場面。動物たちがぴたりと止まり、笑い、踊りだす場面が一場面。最後は、黄色の花のまわりに動物たちが集まって、「ゆきのなかにおはながひとつさいてるぞ！」と声を上げ、よろこびが最高潮に達したとき終わる構成になっている。

　最後のページを開いたとき、ページ中央に描かれた花に、この絵本に唯一の色（黄色）が、アクセントとして使われている。さらに、この黄色の花に動物たちのよろこびが凝縮されてもいるのだ。黄色から春の暖かさを連想するのは容易である。「ああ、待ちに待った春がやってくる！」動物たちの声が聞こえる。

ことばのよろこび

　絵に連動してテクストもリズミカルで躍動的である。また、木島始の日本語も美しい。木島訳では、動物たちが眠っている場面を「〜がねむってるよ」と、「〜よ」を語尾に繰りかえすことで、読者の感覚を揺さぶるように、語りかけてくる。

さらに、動物たちが走ってゆく場面では、文尾を「くんくん」と「かけてく」で繰りかえし、リズムを作りだしている。英語ではsniffと動詞で表現されている言葉を「くんくん」とオノマトペを使っている。このオノマトペの繰りかえしは、身体感覚に深く訴えかけ、安心感や心地よさを生みだすだろう。また、「鼻」をくんくんは、「花」をくんくんでもある。

絵本の文を書いたのは、二十世紀半ばにアメリカで活躍したルース・クラウス（一九〇一―一九三）で、彼女は三十冊以上の絵本に文を書いている。「言葉の最初の定義」と副タイトルのついた『あなはほるもの　おっこちるとこ』（モーリス・センダック絵）は、子どもによりそった形で生みだされる、クラウスのユーモアにあふれた繊細な言語感覚が遺憾なく発揮され、高く評価されている。本作品でも黄色い花に託された、ささやかな春の訪れのよろこびを高らかにうたいあげた。

マーク・シーモント（一九一五―）はフランス生まれのアメリカ人で、本作品をはじめとしてたくさんの絵本にイラストレーションを描いている。『オーケストラの１０５人』（カーラ・カスキン文）ではコンサートの始まる楽団員の姿をそれぞれ描き分ける技が賞賛された。

『ピーターラビットのおはなし』

ビアトリクス・ポター作／絵，石井桃子訳

百々佑利子

ポター文学の小さくて大きな宇宙

福音館書店，1971年／1988年新版（原書，1902年）

ビアトリクス・ポターの生育環境

いかに生きるべきか、行動の原因と結果はどのような関係にあるか等の人間にとっての大命題を、ビアトリクス・ポターは、シェークスピアの戯曲や数多くの文学作品を読破しつつ考えたといってもよいだろう。対人関係がひどく希薄な家庭環境にあったといわれるビアトリクスにとって、幼いときから身近にいる生命体は子ども部屋で飼育できる小動物であった。彼女の毎日は制限だらけだった。けれども、だれよりもゆたかに享受できる分野もあった。古典文学、有名な画家の原画の所有、博物館や美術館における一流の作品との出会いがあった。当時の著名人である詩人や画家が親の客人として招かれたとき、ビアトリクスも人間洞察を深めることができただろう。

子ども部屋のビアトリクスは、小動物を友としてわが子として世話した。かれらの習性やすがたかたちを観察するするどい目がつちかわれ、その姿態を絵筆で写しとるよろこびを知った。また湖水地方においての避暑のくらしのなかで、ゆたかな自然というかけがえのない教師との出会いがあった。自然には、線も形も色も、すべての生命のかたちがある。小さな宇宙で息苦しくひっそりと成長したかに思えるビアトリクスだが、大きな命題を考え語るための材料はすべて手元にそろっていたのである。母親との確執すらその材料のひとつといえる。

ポターの絵本の宇宙

『ピーターラビットのおはなし』は、五歳の男の子に送った絵手紙がもとになっている。ポターが科学者の目で観察し、画家の絵筆で写生した小動物たちの世界のできごとは、母親のいうことをきかない男の子（ウサギ）の畑荒らしや農場主との追跡劇や食べ過ぎでおなかをこわす、というようなささやかなレベルのものである。そして世界中で百年以上親しまれてきた二十四冊を通じて、小さな宇宙でくり広げられるちょっとした一幕を描くというスタンスは一貫して変わらない。登場するのは、人間ではなく動物たちだが、かれらは見栄っ張りの母親や女たちであったり、見境いなくはしゃぐ子どもであったり、口のうまいさぎ師であったり、子どもを育てられない母親であったりする。どういう姿勢で生きることが格好いいのか、あるいはわるいのか、結果的にまちがってしまうのはなぜか、そして他者の目にひとの悲劇はどうしてこんなにおもしろいのかなど、シェークスピアが描き問いかけるエトス（行動をきめる性格）についてポターも描き問いかける。だから描かれる世界の広大さ、問いかけの深さ、そしてユーモアにたいする価値観もまったくおなじである。すぐれた文学がそうであるように、問いかけにひとつの答えをしめすことはない。子どもといえども大いに悩み、とまどいながら生きていかざるをえない。だがポターが創造した小さい宇宙にひそむことの本質の大きさを、子どもでも、あるいは子どもだからこそ、とらえることができるのである。

読まれ方

ポターは、動植物や物語の背景をやわらかな線と淡い色づかいで描き、読者を本へとさそう。そもそも本は手にとられなければならない。ポターはストーリーは泉のごとくわきでてくるものの、絵を描くのにつかいやすエネルギーのほうは大であったという意味のことをのべている。ポターは何よりも画家であった。時代を感じさせるのは駆使されている語彙の選択である。パーラー・イングリッシュといわれるちょっときどったお行儀のよい、そして知的な表現がつかわれている。日本の読者がかなりの異文化体験となる表現を、石井桃子訳の平易でうつくしい日本語で読むことができるのは幸いである。

『ピーターラビットのおはなし』を、「親のいうことをきかないとどうなるか」を教える本であるといって読みきかせるのは、子育て中のイギリス人である。いまどき時代遅れの解釈、と日本ではいわれるかもしれないが、パイにされた父親の話と寝こんだいたずらっ子の絵から、教訓をひきだしたいのだろう。

湖水地方にあるポターゆかりのヒル・トップ農場には、世界からの観光客が列をなす。農家は記念館になっていて、そこには部屋や家具や調度品がポターの絵筆に写しとられたままに存在する。「ほら、ここに描かれているのがコレよ!」と、わが子に絵本のページをいちいち指さし興奮ぎみにさけぶ母親がいる。子どもは、絵に描かれているものは在るのが当然と思うのか、親とは感激の度合いに差がある。朝市でだらんと鉤につるされるウサギは、イギリスではなじみ深い食材だ。農場にとって繁殖力の強いウサギは迷惑もので、田園をまもる人々は、物語中の農場主マグレガーさんに同情をよせるという。小さい宇宙しかみない大人はどこにでもいる。

跳ねまわりたい小さなものたち

ポターは、子どもの跳ねまわりたい衝動をたくみに描く。そしてその年頃の子どもから深い共感をひきだす。大人には既視感をもたせる。ピーターラビットは畑に侵入するが、脱兎のごとく逃げることはできない。衝動にかられる子どものすがたは成長にかかわる真実であり、豆を口からはなさないおばあさんネズミや金魚をおそう白ネコのポリシーも生存にかかわる真実である。生きものの命とむかいあいながら育んだ冷厳な真実追究の精神が、ポター文学の基盤にある。小さい宇宙から大きい宇宙をみつめる目によってかかれているところが、時代や文化圏を超えて読者を獲得してきた魅力だろう。野生動物をポターは家の中においた。かれらは時に野生で時にペットで、自然界と人間界の両方に属していた。だから動物たちは服を着ていたりいなかったりする。小さな子ども部屋には、大きな宇宙があったのである。

一流がはぐくんだ女性

本物の生きものは、もっともすぐれた教師のひとりである。そのうえビアトリクス・ポター（一八六六―一九四三）は一流の絵画、本、作家、画家との出会いや、当時最先端のカメラの所有など、むだを廃しよいものばかりあたえられる生育環境で育った。現代の発達理論では、むだや寄り道も子の肥やしになるというが、一流しか認めなかった頑固な親の徹底ぶりは興味深い。親との確執は痛ましいが、絵本作家としての成功はもちろん、農婦としての充実した晩年、広大な農場や農家をナショナル・トラストに遺贈するという世の去り方など、最期まで一流をつらぬいたのは親ゆずりである。

『ロージーのおさんぽ』

パット・ハッチンス作，渡辺茂男訳

神谷　友

読者は監督兼観客

偕成社，1975年（原書，1968年）

単純だから飽きない

めんどりロージーは周囲に目もくれず、判で押したように同じ姿勢ですたすた歩き続ける。散歩とは言えないんじゃないかっていうくらい。そのめんどりを狙うキツネは、がんばってもがんばっても「偶然の仕返し」をされ、最後は蜂の大群に襲われあわれにも退散。（正確には、狙うだけで何もしていないから、仕返しとも言えないけど。）

この作品はとても単純だ。そして、だからこそ誰が読んでも、何度読んでも楽しい。単純なストーリーは、シンプルな文とパターン化された絵で伝えられる。文がロージーの歩く場所や様子をあらわし、絵が文に書かれないキツネの様子などを描くという、絵と文が完全に役割を分担した作品だ。ちなみに、日本語版では「すたすた」などの擬態語が書かれているが、英語の原文は、ロージーが歩いている場所を示すだけでもっとシンプルだ。「悪役キツネのやられっぷり」は年齢も文化も関係なく誰でも笑うことができる。『ロージーのおさんぽ』は、役割分担された絵と文が巧みに組み合わされた「何度読んでも笑える」作品なのだ。

ところで、絵と文が役割を分担して絵本を創り上げるという手法は、この作品が生まれた六十年代の当時としては斬新なものだったが、それから四十年余りたった現在では特別の手法とは言えない。それでも、この作品が今でも多くの読者を魅了してやまないのは、ほかにもなにかあるのではないだろうか。

『ロージーのおさんぽ』は、原書の英文なら約三十単語、日本語翻訳なら約百文字という、極めて文字の少ない作品だが、ハッチンス自身が語ることによると、最初の原稿は「動物の出す音について延々と描いたおもしろくもなんともない話だった」そうだ。ところが、当時住んでいたニューヨークで出会った編集者ヒルシマンが、その長々と続くページの中から、「キツネは音を立てない」という一文に目をとめたという。そこから、無声映画を思い浮かべながら原稿を再考したところ、「観客である読者にはすべて見えていて、主人公ロージーは全く気づいていない」というアイデアがハッチンスにわいてきたそうだ。なるほど、「無声映画」か……。

読者は観客であるだけでなく監督でもある

「すべて見えていて」、ここがこの作品のポイントのようだ。読者だけがすべての出来事を見ることができるという「優越感」は、言葉のイメージはあまりよくないけれど、絵本の読者に大いに満足感を与えるのではないだろうか。

そして、何より、読者が監督にもなれるところが、この作品の魅力だ。ロージーが振り向きもせずひたすら右へ行く歩きっぷりは、キツネだけでなく、読者をも右へひっぱっていき、ページをめくる力になっている。絵本でペ

©1968 by Patricia Hutchins

ージをめくることは物語を作っていくことだ。心地よい緩急のリズムが作品全体に流れているのを読者は体で感じることができるだろう。作品のリズムは、文のある見開き（キツネが狙っている）と、ない見開き（失敗）がくり返されることで作り出されている。いや、作り出されているのではなく、監督である読者が作っているのだ。どういうリズムやスピードでめくるかは、すべて読者にまかせられているのだから。大人と一緒にはらはらしながら読む子ども、怖さをじっと我慢して絵をすみずみまで読むことを楽しむ子ども、先を知りたいせっかちな大人（？）……それぞれの楽しみ方ができる。単純な笑いは読み手という監督によって一つ一つ異なる作品として完成するというわけだ。

ハッチンスは、絵、文、めくるという行為、この三つを巧みに絡ませてユーモラスな物語を創り上げている。タイトルページの全体図も見逃せない。絵本というものが、何度も読まれるために作られるものだということを実感できる作品だ。

メンドリ対キツネ、永遠の闘い？

ところで、少し脱線するが、この作品の絵そのものに注目してみると、狙われているロージーは、目は半開きで、何を考えているのか、何を見ているのかよくわからない。一方の悪役キツネは、ぱっちりとした目で、悪役顔とも言えない。ロージーは、気づかない演技をしているのだと、ちょっと深読みしてみてもおもしろいのではないだろうか。ハッチンスの意図はともかくとして、か弱いメンドリ対悪役キツネ、ではなく、したたかなメンドリ対まぬけなキツネの物語、と読んでも、また別の楽しみ方ができるかもしれない。

『ロージーのおさんぽ』を一言で説明するとしたら、「短編無声アニメ」というのはどうだろうか。一定の歩調で歩き続けるロージーの足音。それに対し、音も立てずに近づいていくキツネ。それらを見ている脇役の動物たち。すぐれた無声映画が観客に音を感じさせるのと同じように、この作品もそれらの音を感じさせてくれる。監督は読者。観客も読者。無声映画なんて古い、そんな の知らないと言われるかもしれない。だがこの作品を古いと感じる読者はいないだろう。それが魅力的な絵本の持つ不思議、あるいは思い切って魔力と言ったら大げさだろうか。

ハッチンスについて

ハッチンスは一九四二年、イギリスのヨークシャー州の田園に七人兄弟の六番目として生まれる。ダーリントン美術学校を経て、リーズ美術大学でイラストレーションやデザインを学び、卒業後は広告代理店に勤務。六六年に勤務先で出会ったローレンス・ハッチンスと結婚し、一年半のニューヨーク滞在中、編集者スーザン・ヒルシマンと出会い、六八年に最初の作品『ロージーのおさんぽ』を出版。その後も、グリーナウェイ賞を受賞した『風がふいたら』や『おまたせクッキー』『ティッチ』など、数々の作品を発表する。いずれもヒルシマンが編集し、出版元となっている。日本でも人気の作家で、翻訳も二十作を超える。自宅には絵を描くときに使えるように、履き古した靴など一見ごみのように思えるものがたくさんおいてあるという。絵本を創るという行為への真摯な姿勢から、国、世代を超え、このように長く愛される作品が生まれたのだろう。現在は家族とロンドンに住む。

『ねこのオーランドー』

キャスリーン・ヘイル作／画，脇明子訳

小野　明

ネコか人間か、不思議な魅力の絵本

福音館書店，1982年（原書，1938年）

まずは、あらすじ

ある街のある家のご主人に（どうやら）飼われているネコの一家がいました。ママレード色のきれいなネコ、オーランドー。そのおくさんのグレイス。三匹の子ネコ、三毛猫パンジー。雪のようにまっ白なブランシュ。石炭みたいに黒いティンクル。この五匹のネコ一家が、ある日キャンプを計画。必要なものリストを作り、集め、さあ、車に積み込み出発！　川のそばにおあつらえむきの場所を見つけてテントを張る。最初の夜、子ネコたちは興奮でなかなか寝つけません。次の日、案の定の寝坊のあと、朝のミルク。オーランドーは川釣りに。獲れた魚で朝食。それから弁当作ってハイキング、水遊び、山のぼり。その次の日は、街のご主人に無事到着を報告するために電報を打ちに郵便局へ。昼過ぎからは写生大会。夜はキャンプファイアに演奏会……。それからも毎日毎日、楽しいことをたくさんして帰ってきました。

「ババール」にならって

作者キャスリーン・ヘイルは、一八九八年にイングランドのランカシャー州で生まれる。様々な仕事についたのち、一九二六年に結婚。やがて生まれた二人の息子のために、マレード色のネコ、オーランドーのお話を自分の飼い猫をモデルにつくり始める。彼女は『ぞうのババール』(ジャン・ド・ブリュノフ作)のシリーズとまったく同じ大判の判型(縦三六センチ×横二六センチ)で、ストーリーも「ババール」をお手本にした英語のお話をつくりたかったようだ。

そしてついに一九三八年に最初の絵本である本書、『ねこのオーランドー』を出版。たしかに判型は「ババール」と同じで、リトグラフの手法をフルに活用した、圧倒的に美しい色彩の絵本となった。この日本版も、原書と同様の、描き分け版の分版の方法で、通常のオフセット印刷とは違う肌合いの色彩の再現に成功した。この印刷方法は、まあ、大量に刷られた版画作品、と言ってもいいだろう。画面の大きさとも相まって、その色彩の鮮やかさの迫力には何度眺めてもうっとりさせられる。

ディック・ブルーナは、あの「うさこちゃん」の絵本を最初につくる時、子どもが親しみをもてるように身丈にあった小さなサイズを採用したらしいが、このヘイルの場合は、さしずめ、驚くべき広大な、わくわくする未知の世界へと誘《いざな》うための仕掛けとして、この大判のサイズを考えたのかもしれない。

あんよは上手か

オーランドーたちは、しゃべる。オーランドーたちは後足による二足歩行をする。しかし駆け出す時や魚を獲る時などに、本来(?)の四足の習性が出たりもする。ケース・バイ・ケースなんですね。まあ本人(?)たちは、ネコのかなりリアルなフォルムで、けものの匂いがちゃんと残っているキャラクターとして造型されていて、ネコくさいんですが。

でもね、物語は、かなり人間くさいのです。車は運転するわ、あやとりはするわ、殺虫剤はふりまくわ、フライパンは使うわ、電報は打つわ、楽器は弾くわ……もう、これは人間の暮らしそのものである。同じネコでもたとえば、長新太の『ごろごろ　にゃーん』を見る時、あの飛行機の中の連中をいちいち人に置き換えたりしない。あれはどう見ても、ネコだ。ネコが乗客（そしてどうやらパイロットも）の飛行機が「ごろごろ　にゃーん」と飛んでいくのだ！　飛行機に乗る（そして操縦する）からといって、擬人化の印象は、少なくとも私には、まったく、ない。

一方、オーランドーたちは、かなりネコくさいキャラクターにもかかわらず、人間くさくも見えるという、言わば、半擬人化とでも言うべき宙吊りの浮遊感をもっていて、そこがたしかに魅力になっているのだと思う。ちょっと変てこだけど、けっこう親しみやすい。それがあの色彩に彩られているのだから、これはもう、唯一無二の美点ですね。

ユーモアの力

そう、その親しみやすさは、随所ににじみでるユーモアのおかげでもあるだろう。画家が楽しそうに描いているのが伝わる絵。その楽しそうな感じが、ユーモアとしてあらわれる。ギャグではなく、あくまでも、ふふっ、というユーモアの感覚。それは地図の画面であったり、殺虫剤散布の際のおくさんと子ネコたちの仕草だったり、得意そうに魚をフライパンで調理するおくさんの姿であったり、イヌをやりすごすための隠れ方であったり……。人間的な日常への愛着が、温かいまなざしでユーモアとともに描かれていく。でも、それが、ネコ。絵本がなし得る大いなる愉悦です。そうそう、日本版もその精神を受け継いで、オーランドーの車のナンバーが、ね5628となっています。ゴロニャ〜〜ン。

ヘイルは言う。「私は現実を土台にして空想を築きあげることがよいと信じています」と。その空想の質の高さを証する一つが、このユーモアのたしかさであるでしょう。

改訂された「オーランドー」

「オーランドー」は、その後何冊も出版される人気シリーズとなるのだが、一九九〇年にイギリスで再刊した際に、ヘイル自ら、気になる絵と文のリニューアルを行った。そこで新版の『ねこのオーランドー』の原書を見てみたら、なんと、全面的に絵が描き直されていた！ どうやらその改訂作業を、シリーズの全作品に対して行ったようだ。一九九〇年の時点で、ヘイル、九十二歳！

日本では、『ねこのオーランドー』以降、童話館出版から二冊の作品が出版されたが、この二冊はともに新版の翻訳出版である。だから、本書と童話館版の二冊を比べると、絵の違いがよくわかる。それを一言で言うなら、元版は、軽やかですっきり。新版は、重厚で絢爛。私の好みは、元版。だから本書『ねこのオーランドー』は、今となってはとても貴重なレア・アイテムということですね。

『三びきのやぎのがらがらどん』

マーシャ・ブラウン絵，瀬田貞二訳

藤本朝巳

昔話絵本――北欧の自然と民族の魂

福音館書店，1965年（原書，1957年）

ノルウェーの自然と人々の表象

むかし、あるところに、三匹のやせ細ったヤギがいて、山へ行って草を食べたいと願うが、登る途中の谷川には恐ろしいトロルがいる。三匹は知恵を絞って果敢に挑み、トロルを退治する。山へたどり着いたヤギたちは思う存分草を食べて満足する――単純だが、短い物語に、人の生きる姿――人生における試練や生き抜く知恵などが象徴的に描かれている。

ノルウェーはヨーロッパ北西のはずれにある南北に細長い山と森の国。北極圏にあるので、夏は真夜中でも白夜が続き、冬は逆に、太陽が顔を出さない暗い日が何日も続くという。また、最北端では気温が冬の零下五十二度から夏の三十度以上まで変化するという。

このような厳しい自然を生き抜いた人びとはゲルマン民族の末裔であった。その激しい気性は岩場に生きるヤギとして表現されている（ヤギは一見おとなしそうに見えるが、自分を脅かす相手には角を向けて勇敢に立ち向かう）。この作品は、まさにノルウェーの自然と民族の魂を描いた作品といえよう。

昔話の語り口

この絵本の語りは一本の急流のごとく、淀みなく流れる。もとはノルウェー語の昔話だが、マーシャ・ブラウンは英語訳から絵本を完成した。物語の構造を見ると、はじめに、三匹のヤギが紹介される（導入）。彼らは太る（生きる）ために山へ登らねばならない（課題／出発）。ところが、登る途中には谷川があり、橋の下には気味の悪いトロル（北欧の人を食う魔物）がいる。彼らはトロルを倒して、目的地へ行かねばならない（試練）。そこで、三匹は小→中と順番に出かけ、策を講じて、谷川を渡りきる（策略と策略の成功）。三番目の大きなヤギは角と蹄で、トロルを木っ端みじんにして谷川へ突き落とす（戦いに勝利）。それから山に登り、腹一杯になるまで草を食べる（試練の克服／課題の達成）。最後はもとの場所に戻る（「うちへあるいてかえるのもやっとのこと」）（帰還）と閉めている。以上を簡潔に図示すると、

導入
　課題
　出発
　　試練—試練の克服
　　策略—策略の成功
　　戦い—戦いに勝利
　課題の達成
　帰還
結末

図１

図1のようになる。昔話の典型的な構造をもち、物語としての序破急が整っている。

また語り口をみると、昔話独特の語法で首尾良く語っている。昔話の発端句で始まり、結語句で結ぶ。無駄のない簡潔な語り、プロットを展開する繰り返し（三回、同じ場面など）、緩急の効果的な伝達、せりあげ表現、などの工夫がある。聞いていてわかりやすく、また、おもしろい。

なお、瀬田訳には元話を活かす工夫がある。例えば、ヤギたちが橋を渡る場面は、英語訳では'Trip, trap! trip, trap!'（一回目）、'Trip, trap! trip, trap! trip, trap!'（二回目）、'T-r-i-p, t-r-a-p! t-r-i-p, t-r-a-p! t-r-i-p, t-r-

のぼる　とちゅうの　たにがわに　はしが　あって、
そこを　わたらなければなりません。はしの　したには、
きみのわるい　おおきな　トロルが　すんでいました。
ぐりぐりめだまは　さらのよう、つきでた　はなは
ひかきぼうのようでした。

a-p!」（三回目）、となっている。瀬田はこの変化を、「かたこと　かた　こと」（一回目）、「がた　ごと　がた　ごと」（二回目）、「がたん、ごとん、がたん、ごとん、がたん、ごとん、がたん、ごとん」（三回目）と訳している。英語訳も日本語訳も、それぞれ重さが増すことが目で見ても耳で聞いても感じ取れる。また、同じ掛け合いの場面でも、徐々に語調を強めるなどの工夫がある。さらに、要所を七五調で訳すなどの配慮も行き届いている。

荒々しさと細心の絵作り

ブラウンは一作ごとに作風を変える画家である。この絵本は、ノルウェーの厳しい自然と、ヤギ対トロルの戦いを描くために、全体は荒々しく描写してある。しかし場面ごとに丁寧に見ていくと、その絵作りに細心の注意が払われていることがわかる。例えば、北欧の自然は表紙、裏表紙、見返しなどに、空、谷川（青、白）と山（黄）とエゾ松（茶、黒）などで示してある。その描写は大胆で、木の幹は縦線、枝葉は横線にして、コンテや木炭で抽象的に描き、この単純な描写に北欧の自然が感じ取れる。

表紙の三匹は、細い橋の上に、それぞれ片足で立っていて、危なっかしい感じを受ける。各ヤギの左後脚は、大―中―小

と見ていくと、脚を上げる角度が少しずつ上がっている。左の前脚も同じで、だんだん上がっているのがわかる。さらに右にいくほど立つ姿勢が急になり（三匹目は直立に近い）、このように描写することでリズム感を醸し出している。

この物語は先へ進む話なので、見開きページの横長の構図を活かしてヤギを動かしている。また場面の大部分がヤギとトロルの掛け合いであり、舞台は左下から右下に架けられた橋である。橋下のトロルは雑に描いてあるようで、よく見ると両手で両足を抱くような姿勢であり、熟考して描いたポーズと思われる。対照的にヤギたちは怖れの表情を見せている。橋を渡る場面では、ヤギの重みで橋がたわむ様子が計算して描いてある。

一騎打ちの場面では、ヤギが前足で橋を蹴って挑むポーズをとっている。裁ち落としで大きさと動きを出し、鼻息を茶色の動線で示している。木っ端みじんになったトロルの身体は円状に飛び散り、ここにも複数の円による動線が用いられている。

この絵本には、話には出てこない太陽が登場する。日照時間の少ない北欧の人にとって、太陽は自然の恵みである。ブラウンはタイトル・ページの前に太陽を大きく描き、また時間の経過がわかるように、最後は太陽を山際に隠している。

作者のこと

マーシャ・ブラウン（一九一八―　）は、ニューヨーク州ロチェスター生まれ。ニューヨークカレッジ卒業後、コロンビア大学などで学ぶ。高校の演劇教師、市立図書館の司書、ジャマイカで人形制作を教えるなど、多岐にわたる活動をした。作家デビューに際して、当初大きな出版社に持ち込もうとしたが、当日、エレベーターのストがあり、七階まで上るのを断念、同じビルの四階にあった小さな出版社スクリブナー社に依頼。以降五十年以上、この出版社から出版した。『シンデレラ』（一九五四）、『影ぼっこ』（一九八二）などで三度コールデコット賞を受賞している。

『月夜のみみずく』

ジェイン・ヨーレン詩，ジョン・ショーエンヘール絵，工藤直子訳

髙田賢一

わくわくする心

偕成社，1989年（原書，1987年）

生命の森へ

雪の降り積もった冬の夜、待ちにまった自分の番がやってきた。

小さな女の子が、お父さんと一緒に森の奥に入っていく。月の明かりに導かれ、めったに見られぬミミズクに会うために。いまこの少女は、兄たちが経験したことを体験しようとしている。小さな心はどれほどの期待感でふくらんでいることか。待ちきれなかったことだろうか。

少女は気づいていないが、森への通り道にはいろいろな動物たちがいて、黙々と歩く二人とは対照的にじっと寒さに耐えている。白ウサギやキツネ、小鳥や野ネズミ、木のうろにはアライグマが。木の背後では、シカが二人の姿を見送っている。ひっそりとした冬の森は、生命の森でもある。自分の農場を設定に利用し、

冬の森を知りつくしている画家ならではの挿絵だ。ジャズミュージシャンの掛け合いにも似た、絵と文の見事な競演である。

絵と文章の響きあい

散文詩を書いたヨーレン、その文章によくマッチした水彩画の挿絵を描いたショーエンヘールは、初めて夜の森に入る子どもの期待と不安と興奮を知りつくしていた。翻訳書カバーにある日本の読者へのメッセージによると、ヨーレンの夫は、息子や娘たちが小さいころ、よく近くの森にミミズクを見に連れて行ったという。この絵本で彼女は、そんな父と子の心温まる触れ合いを描きたかったと語っている。ショーエンヘールも、子どもたちをミミズク探しに連れて行ったらしい。ミミズクたちは、大切に見守ってやりたい大自然の宝物なのだから、絵を通して冬の森を歩く気分と、森の生き物たちの素晴らしさを伝えられればと願った、と述べている。

バーバラ・クーニー挿絵の『みずうみにきえた村』で、家や村がダム建設のために水没する様子を静かな怒りを込めて物語ったファンタジー作家のヨーレン、スターリング・ノース作『はるかなるわがラスカル』に印象深い挿絵をつけたショーエンヘール。田舎暮らしをしていて、自然に深い愛着を抱く二人だからこそ、絵と文章が共鳴する宝石のような絵本が生まれたのだろう。この絵本がコールデコット賞に輝いたのは当然という気がする。また、詩人の工藤直子の日本語が素晴らしい。

満月の夜に

絵本の扉を開くと、ドアを開けて外を見つめる少女の後ろ姿が目に飛び込んでくる。すでに物語は、そのシーンから始まっている。父に連れられてのミミズク探し。それが、農場に暮らす家族の子どもの成長を記念する行事なのだ。難しくいえば、自然の神秘と驚異に触れるためのイニシエーションの儀式なのである。上から下まで部厚い毛糸と雪よけの服を着て、手袋もキャップもマフラーもしっかりと身につけている。父に後れないようにと、ブーツを履いた足で雪道を軽やかに踏みしめていく。夜更けだというのに、降り積も

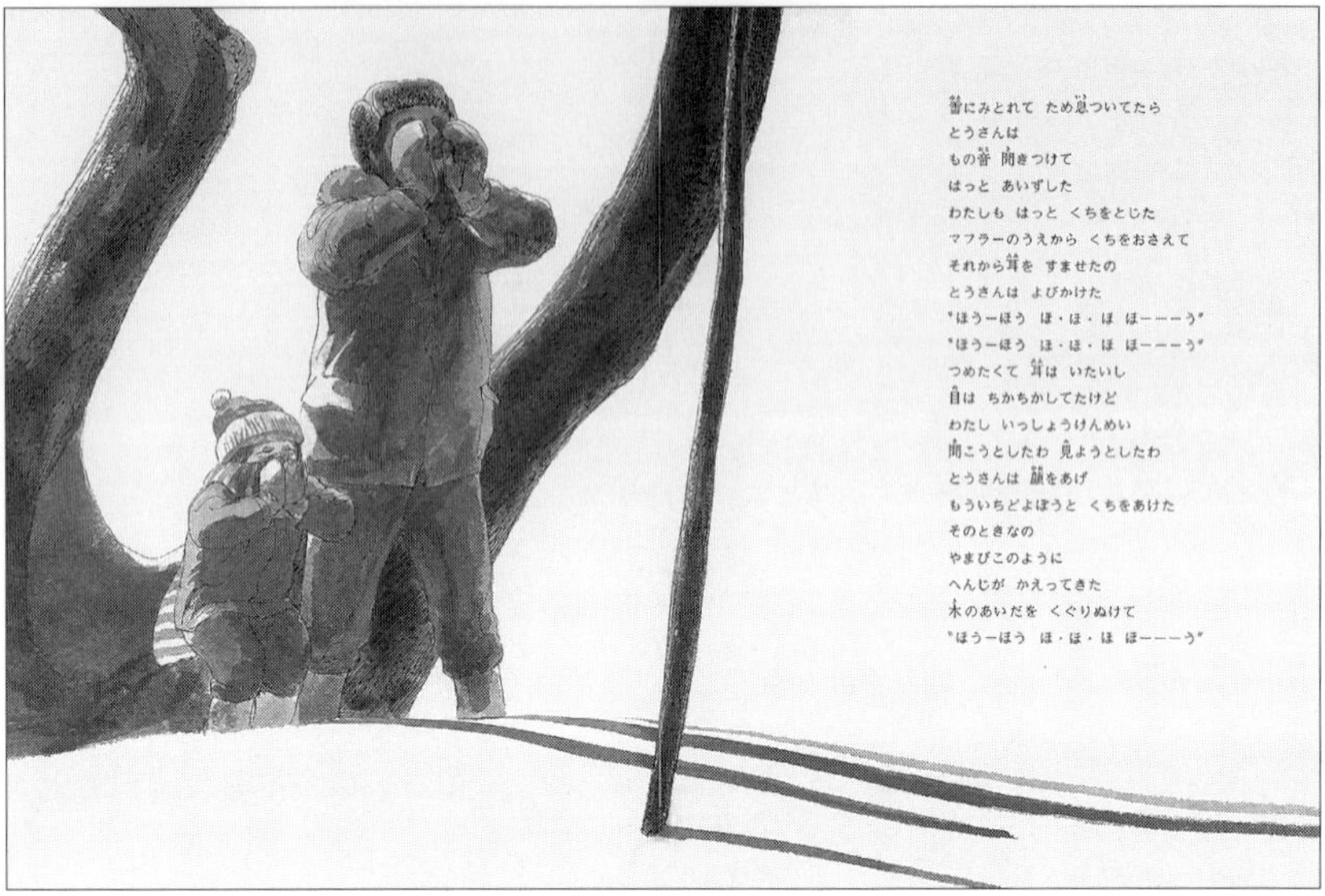
雪にみとれて ため息ついてたら
とうさんは
もの音 聞きつけて
はっと あいずした
わたしも はっと くちをとじた
マフラーのうえから くちをおさえて
それから耳を すませたの
とうさんは よびかけた
"ほうーほう ほ・ほ・ほ ほーーーう"
"ほうーほう ほ・ほ・ほ ほーーーう"
つめたくて 耳は いたいし
目は ちかちかしてたけど
わたし いっしょうけんめい
聞こうとしたわ 見ようとしたわ
とうさんは 顔をあげ
もういちどよぼうと くちをあけた
そのときなの
やまびこのように
へんじが かえってきた
木のあいだを くぐりぬけて
"ほうーほう ほ・ほ・ほ ほーーーう"

©1987 by J. Yolen & J. Schoenherr

った雪のせいであたりは驚くほど明るく、満月が二人の行く手を照らし出す。白抜きの文字スペースが雪の白さを際立たせているわけだが、人工の明かりがない場所だからこそ、月の明かりが輝きを増しているのだろう。

森の奥への旅

父の足取りは速く、一生懸命に追いつこうとするうち、不意に父は立ち止まり、ミミズクの鳴き真似をする。耳を澄ますが、何も聞こえない、何も見えない。ミミズク探しに行っても会えないときがある、と兄たちから聞かされていたので、とても不安だ。やがてまた父は立ち止まり、もう一度同じ鳴き真似をする。すると、何処からともなく返事が聞こえてきたかと思うと、音もなくミミズクが姿を現し、目の前の木に止まる。懐中電灯の光の中に浮かび上がるミミズクと二人の目が合う。大きな金色の目、そこに反射しているライトの光。次の瞬間、ミミズクは、音も立てずに森の奥へと消えていく。いわばこのシーンは、ミミズクという自然と、フラッシュライトという文明が出会った瞬間なのだ。

それまでずっと無言だった父が初めて言葉を口にする、

「さあ、うちへかえろう」と。父に何かいったり、喜びの声をあげることもできたと思うが、父に抱きかかえられた少女はただ黙って家路をたどる。言葉にできない感動が、言葉を必要としない親と子の結びつきがあるものだ。ミミズク探しに行くときは、言葉なんかいらない、寒くってもいい。必要なのは会いたいな、会えるかなって、わくわくする心。少女はその夜、そのような大切なことを父から教わる。いや、森の主ともいえるミミズクから教わったのかもしれない。出会うことへの夢と願いは、音もなく風を切って進む翼とともに、ミミズクの目の色をした満月の光に照らし出されてかなうのである。

大地に抱かれて

アメリカの絵本を見ていると、この少女のように自然と触れ合う子どもの姿がよく目につく。たとえばエッツの『もりのなか』、センダックの『かいじゅうたちのいるところ』、それからマックロスキーの『すばらしいとき』などだ。なぜこれほどまでに子どもと自然なのだろうか。アメリカといえばニューヨークやロスが反射的に思い浮かぶが、都市化が進む以前からアメリカ人の憧れは、自然に寄り添った暮らし、カントリーライフだった。花と庭を描き続けたターシャ・テューダーの絵の背後には、無数のターシャ・テューダーがいる。森の奥での小女の体験を描くこの絵本は、いわばアメリカ人の夢の結晶なのだ、といってもそれほどオーバーな表現ではない。『月夜のみみずく』の魅力は、遠のいた自然への憧れと、自然への畏怖の念を思い出させてくれるところにある。現代人には、森への散歩や風の音、木の葉が擦れあう音、小鳥のさえずり、川のせせらぎ、波の音、そしてこの絵本が、それこそ本当に必要なビタミン剤なのだと思う。

『おやすみなさいおつきさま』

マーガレット・ワイズ・ブラウン作，クレメント・ハード絵，瀬田貞二訳

今井良朗

ことばと絵のリズムが心地よい

評論社，1979年（原書，1947年）

子どもたちを魅了するもの

「おおきな　みどりのおへやのなかに　でんわが　ひとつ　あかい　ふうせん　ひとつ　えの　がくが　ふたつ――」で始まるこの絵本は、明確なストーリーを持たない。

みどりのへやの中の「こねこが　にひき　てぶくろ　ひとそろい　にんぎょうのいえ　こねずみ　いっぴき」とそれぞれのものを指し示したあと、「おやすみおへや」「おやすみ　おつきさま」「おやすみ　あかりさん　おやすみ　あかいふ

うせん」と続いていく。部屋の中の様々なものと窓の外の「つき」や「ほし」「よぞら」におやすみをいっていくという実に単純な構成である。

にもかかわらず、長い間時代や国を越えて多くの子どもたちを魅了し続けてきた。幼児を意識してつくられたこの絵本には、不思議な静寂と時間の流れがある。一人で読むよりも、母親に読んでもらいながら眠りについていくそんな情景を想定しやすい。現に子どもたちは、「おやすみ　そこここできこえるおとたちも」で終わるころ、やすらかな眠りについていく。まさに「おやすみなさい」の絵本なのである。

では、この絵本の魅力はどこからきているのだろう。それは、ゆるやかにつながっていくことばのリズムだろう。瀬田貞二の翻訳も絵と見事に調和しているが、原書では、"And two little kittens And a pair of mittens" "And a little toyhouse And a young mouse" など韻を踏んだ音のリズムがさらに心地よい。

この絵本の作者としてマーガレット・ワイズ・ブラウンの名前のみが挙げられることが多いが、ブラウンは、絵を描かない。絵は、クレメント・ハードである。それでも『おやすみなさいおつきさま』は、ハードの絵としてよりもマーガレット・ワイズ・ブラウンの絵本として知られている。それだけ、文の魅力が際立っているということだろう。もちろん、ハードの絵との見事な調和があって、この絵本が成り立っていることはいうまでもないことだが。

ブラウンは、四十二歳で急死するまでの間一〇四冊の子どもの本を手がけ、文しか書かなかったが、絵本作家としてその名を知られてきたのである。

ことばと絵のハーモニー

「くまさん」「いすさん」「ねずみさん」それぞれのことばは、「おやすみ――」ということばにつながり、さらに絵と結ばれて、全体へと関係づけられていく。小さな子どもにとって、身の回りのものや出来事を自分自身と関係づけてつなげていくためには、ことばが重要な役割を果たしている。小さな子ど

おやすみ　あかりさん
おやすみ　あかいふうせん
おやすみ　くまさん
おやすみ　いすさん

もにとって、すべての事が新たな発見であり、出会いである。絵本の中の一つひとつのものを確認していくことは、常にまわりのものと自分とがつながっていることの確認作業でもある。登場するすべてのもの「とけい」「くつした」「にんぎょうのいえ」それらには日々の小さな物語が込められている。

耳から入ってくることばは、描かれた絵を媒介にしてさまざまな事象と結びつき、秩序立った世界として認識される。それは日々の生活を振り返り確認することでもある。視覚的な認識とことばによる認識の連関の中に知らず知らずのうちに世界を対象化していくのである。それは、「ごっこ遊び」に見られる情景にも近い。複数の子どもたちで行われる「ごっこ遊び」は、身の回りの物事を自分自身とつなげ、自分とまわりの世界を認識し、さらに世界をひろげていく方法として自然に生み出された子どもの知恵である。興味深いことに、無言の「ごっこ遊び」はほとんどない。ことばが遊びや子ども同士をつなぐ重要な役割を果たしているからである。

この絵本は、ことばと絵と読者が三角形で結ばれる。詩的なことばがバラバラにある物事をつなぎ、時間の流れと独特の空間をつくり出していく。ブラウンが絵本作家たるゆえんは、ことばを紡ぎ出す過程で視覚的なイメージを頭の中に描き出していたからだろう。ことばだけでなく一冊の絵本として構想していたことがうかがえる。

計算されたページ構成

カラーとモノトーンが交互に表れるページ構成もこの絵本の特徴である。カラーページでは、部屋の全体を、モノトーンのページでは、それぞれのもの、部分が表されている。しかし、これは意図的なものではなく、もともとは経済的な理由によるものだ。

表面をカラー、裏面を一色刷りにしたものを折り丁にして製本すると、カラーとモノトーンが見開き単位で交互に表れる。本来は物理的な制約だが、交互に展開することを前提に画面の組み立て方を意図的に計算しているのである。

一九二〇年代から一九四〇年代に制作された絵本にはめずらしい方法ではなく、どの絵本もこの制約を巧みに利用して表現している。『おやすみなさいおつきさま』をはじめ、『せんろはつづくよ』など、ブラウンの絵本では、この制約を見事に生かしているのは、ブラウン自身編集者としての経験を持っていたことも無縁ではないだろう。全体と部分、交互に表れる構成は、韻を踏んだ詩的なことばと絵が絶妙に調和しながら全体へと関係づけられていく。一見単純なストーリーと構成だが、見るものがイメージですき間をうめることができるのである。ことばと絵が絶妙に計算され構成されている、そんな絵本なのである。

マーガレット・ワイズ・ブラウン（一九一〇—五二）は、ニューヨーク・ブルックリンで生まれた。大学卒業後、教育に対する関心が高まり、バンクストリート教育大学の実験教育を行う幼稚園で子どもたちとの関係を探った。ここでの仕事が絵本出版のきっかけになる。それまでのおとぎ話や寓話に対して、日常の自然な子どもの描写を願い、絵と融合することを前提に、詩的なことばによる絵本のための文の世界を切り拓いた。ブラウンは、画家にも恵まれていた。『おやすみなさいのほん』のジャン・シャローや『たいせつなこと』のレナード・ワイスガードとの作品もよく知られている。日本では三十六冊の絵本が翻訳されている。

コラム②
ヴィクトリア時代のベストセラー

正置友子

ヴィクトリア時代（一八三七―一九〇一）に、エドマンド・エヴァンズ（一八二六―一九〇五）という、後にこの人がいなければ、現代の絵本はなかったかもしれないといわれる彫版・印刷師がいた。

彼は、当時の倣いとして、十三歳で印刷工房に弟子入りし、最初は原稿読み上げ係となった。ところがエヴァンズ少年には吃音があったため、この仕事を辞めさせられ、使い走りなどをしていた。しかし彼は印刷をやってみたくてたまらず、ついにある日、自分で機械を動かして印刷をしてしまう。工房中に大さわぎを引き起こしたが、工房の経営者のひとりは大変物分かりが良く、エヴァンズ少年が彫版に向いているかもしれないと思い、叱る代わりに、彫版工房に弟子入りができるように計らってくれた。もし、この時、叱責だけであったなら、後年の、カラー印刷の最高の技術をもった絵本のアート・ディレクターは誕生しなかったかもしれない。

エヴァンズ少年は、たちまちに彫版の腕前を上げ、やがて自分の工房を持つまでになった。もちろん苦労もするが、技術の腕前が良い上に、努力家であり、経営手腕もあるエヴァンズ工房には、次第に仕事が舞い込むようになる。

ここで、彫版という仕事について説明しよう。現代の印刷では、画家が描いた絵を写真製版して、そのまま印刷することが可能である。ヴィクトリア時代は、木口（こぐち）木版の版木の上に画家が絵を描き、彫版師がその絵の通りに線や点を彫り上げ、その版木を印刷台の上に置き、上から押して印刷した。ヴィクトリア時代の絵本の絵を見るときに注意しなければならないのは、読者は画家の絵を直接見ているのではなく、その絵を彫版した職人の技を見ているのだということだ。

ヴィクトリア時代には、子どもの本とは限らず、大人用の新聞、週刊誌、単行本にも多くの挿し絵が付けられ、その挿し絵の魅力が売れ行きに影響した。ロンドンには彫版工房も多く、そこでは、たくさんの彫版師たちが仕事をしていた。木版といっても、柔らかい木を用いる日本の浮世絵とは異なり、ヴィクトリア時代の木口木版は、柘植（つげ）材などの硬質な木材をさらに木口に切って、もっとも硬い材質にして使用した。おおむね直径五センチほどの板しか取れなかったため、A4サイズ一ページ全面くらいの絵となれば、二十―三十枚の小片をボルトでぴったりと接合して使用した。

板が硬いということは、彫ることが大変である一方、細かい線が彫れるという長所があり、彫り師は、一ミリに四―五本の線を入れたといわれる。この線の間隔を加減することよって、明るさと暗さを出し、風景の陰影や人物の感情表現までも可能にした。木版の硬さは、深く豊かな視覚表現を可能にしたばかりではなく、大部の印刷に耐えるという長所があった。勿論、絵がよくなければ売れないわけだが、ここにエヴァンズが活躍する舞台があった。

版木の上に絵を書いてくれる画家として、エヴァンズが選んだのは、まだ十九歳のウォルター・クレイン（一八四五―一九一五）だった。エヴァンズは彼の線描の能力に目をつけ、一八六五年から約十年間、彼と共に安価で美しいカラー印刷の技術を模索した。エヴァンズとクレインは、最初は二色から始め、最終的には六色を使っての絵本を作成する。この過程で生まれたのが、『ながぐつをはいたねこ』や『あかずきん』である。一八七六年にクレインがこの仕事を辞めた後に、エヴァンズがこの人ならと依頼したのが、ランドルフ・コールデコット（一八四六―八六）だった。（クレインとコールデコット、この二人を自分の絵本制作のためのイラストレーターとして選んだエヴァンズ、その画家を見出す目の確かさに驚嘆する。）

エヴァンズとコールデコットの出会いは、絶妙なタイミングだった。カラー印刷の技術上の問題点が全て解決したところへ、絵本画家としてこれ以上の人はいないと思われる画家が登場したことになる。

エヴァンズは、この時点で、六色のインク（黄、青、グレー、ピンク、赤、セピア）のために六枚の版木を使い、色を重ねて印刷することで、色が織り成す芸術といってもよい絵を印刷することを可能にしていた。また、インクと印刷の時の圧力を工夫することで、紙の両面印刷を可能にした。クレインの時は、片面印刷しかできず、一冊の絵本のために使用できた画面は六―八ページであり、その裏面は白のままだったが、コールデコットは一挙に二十四―三十ページを使うことができ、センダックが絶賛しているように、「言葉と絵とのあいだに交わされる、自然でのびのびとした対位法的やりとり」のような絵本を完成することができた。エヴァンズは、コールデコットの絵本は売れ行きが良く、十万部印刷したと自伝の中で書いている。まさしく、ヴィクトリア時代の最高の絵本がベストラーになった。代表例として、『ヘイ・ディドル・ディドルとベイビー・バンティング』などがある。そこにたどり着くまでには、エヴァンズという彫版・印刷師の努力があった。エヴァンズこそ、優れた絵本の制作のバックには必ず存在する、名絵本編集者の元祖である。

豚が登場している
ランドルフ・コルデコット作『ヘイ・ディドル・ディドルとベイビー・ハンティング』(1822年) より (*Hey Diddle Diddle and Baby Bunting,* by R. Caldecott. London: George Routledge and Sons, 1882).

ながぐつをはいたねこ
ウォルチー・クレイン絵『ながぐつをはいたねこ』(1874) より (*Puss in Boots,* by Walter Crane. London: George Routledge and Sons, 1874).

Ⅲ　逢魔《おうま》が時《とき》に何が起きる？

『窓の下で』

ケイト・グリーナウェイ作，白石かずこ訳

川端有子

閉じた世界の境界を超えて

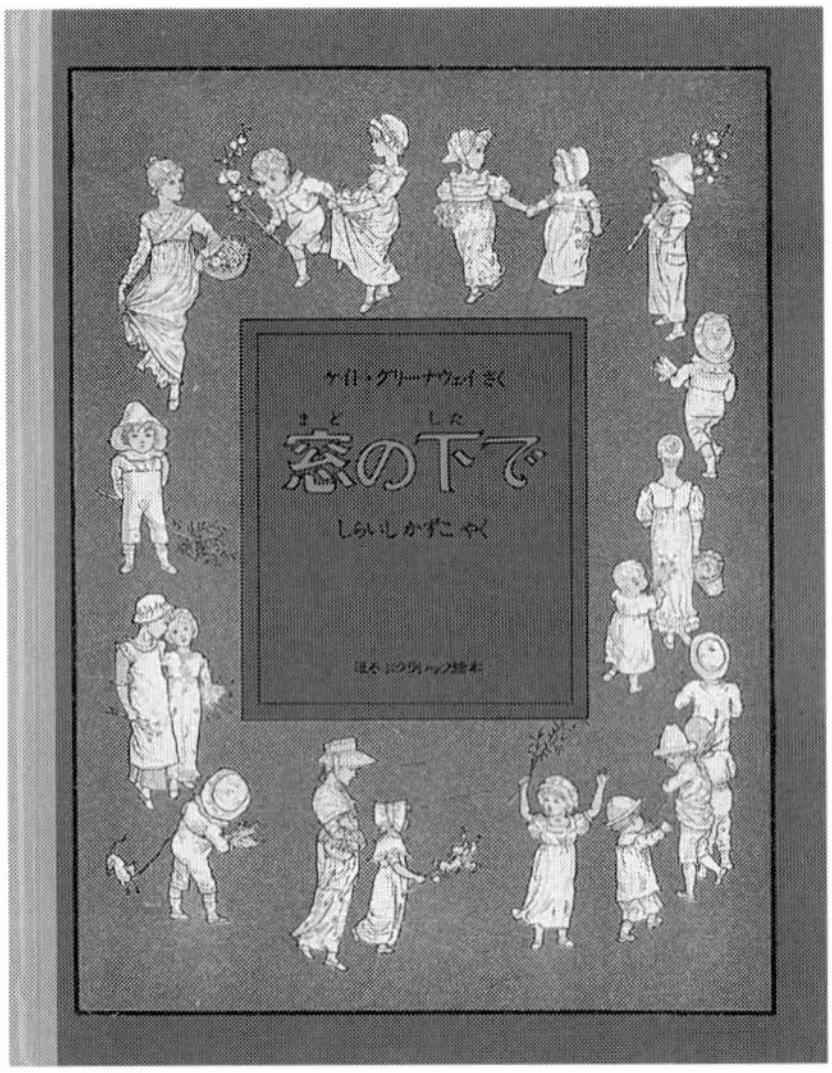

新書館，1976年／ほるぷ出版，1987年（原書，1878年）

詩画集『窓の下で』

イギリスの近代絵本の基礎を確立した絵本画家のひとり、ケイト・グリーナウェイ。花と小鳥とお日さまと、子どもたちが遊ぶ、甘やかで郷愁的な世界を描いたと讃えられる彼女の、最初の絵本作品が『窓の下で』である。四十九の独立した詩画が集められたこの絵本には、これといって物語があるわけではない。ひとつひとつが子どものつぶやきか、歌う唄のような詩に絵が添えられて、ひとつの世界を構成している。木口木版の多色刷りの、彩りも絵柄も、ひとめみればグリーナウェイとわかる。

グリーナウェイの描く女の子のもっとも大きな特徴は、その身にまとわれたドレスだろう。画家を父に、帽子デザイナーを母に生まれたグリーナウェイが、自

らデザインした、ハイ・ウェストの、流れるようなひだを配したゆるやかなドレスは、グリーナウェイ・ドレスと呼ばれ、絵本の評判とともに大流行した。きつく腰を締めつける当時の女性の服装に反対する動きもあいまって、二つの大陸の少女たちを着飾らせた、といわれている。

グリーナウェイがあまり好きでないという人は、ひとつにはこのドレスが甘ったるくていやだという。だが、白いドレスに白いボンネット、バラ色か、水色のサッシュ、さんごの首飾りを首に巻くのは当時の上・中流階級の少女の正装スタイルだった。しかも、絵本をよく見ると、基本形のグリーナウェイ・ドレスは、階級も年齢も超えて広がっている。質素なエプロンをかけた貧しい家の子どもも、マフでおしゃれをしたお出かけスタイルも、猫を連れてお茶を飲みにいくおばあちゃんも、赤ん坊のお守りをする背の高いお姉さんも、窓の下でバラを受け止める赤ちゃんも、同じ形のドレスを着ているのだ。

グリーナウェイの世界とは？

ドレスのことも含め、グリーナウェイの絵本は、ちょっと誤解を受けているようだ。たとえば、彼女の作品は、ただ感傷的に美しい子どもの世界を描いただけだ、という批判をよく耳にする。だが、グリーナウェイは、一般にそう思われているほど、愛らしく甘いものばかりを描いているわけではない。ちいさな冒険心のときめき、いたずらっ子のいやがらせもあれば、日常の表層からグロテスクな顔をのぞかせ、ひとをぎょっとさせる闇も歌われている。

子どもたちが遊ぶ背景に、しばしば描き込まれるのが「窓」「花輪」「垣根」「塀」「橋」だというのは示唆的だ。共通点は小世界を〈囲い込む〉もの。その中から、子どもたちは、あるときは身を乗り出し、あるときは転げ落ち、あるときはその上に座って、彼方を眺めている。「窓の下はわたしのお庭よ」と歌う子どもたちは、優しい花が咲き、こまどりが遊ぶお庭が自分の世界だと知っているけれど、ときどきそこから出ていってみたくなる。日常にひそんでいる小さな冒険へ向けられる憧れの眼差し。

だけど、塀の外の世界はやっぱりちょっとこわいかも。ちっちゃな妹に、「ひろい世界につれていってあげる」と約束したおねえちゃんの背後には、石の塀が立ちはだかり、「わたしたちの旅はいつも明日にのびてしまう」。おばかさんのトミーは、空を飛べると信じていたけど、橋からまっさかさまに落っこちる。三人の悪い子は、いいつけを破って川に小船を出した。「水は冷たいし、おさかなに食べられちゃうわよ、お母さん、お父さんに叱られるわよ」、と叫ぶ「わたし」は、ほんとうは、囲いを超えていける三人の悪い子がうらやましいのかもしれない。

見えないものを見つめる子ども

グリーナウェイの描く子どもたちは表情がなく、何を見つめているのかさだかでない。子どもたちが見すえているのは、人の目には見えないものなのかもしれない。丘の上に立ってマージェリーはロンドンの街を見ている。憧れの町の、鐘の音が響くのを聞いている。でも彼女は丘から降りない。「ロンドンの鐘は何か変わった不吉な音でなっているから」。

太陽の沈んだ丘で、はるか海の彼方を見やるふたりの少女は、白い鳥だけがついていった船の行方を思って、かなしくなってしまう。塀の木戸の前に立って丘を眺める少女は、遠い妖精の国の金色の街の銀色の人を夢見て、待ち続けたあげく、おとぎ話は嘘だったと知る。憧れと、畏れの混じった視線で、子どもたちは彼岸を幻視する。

怖いもの見たさの子どもたちは、魔女やゴブリン、人さらいをも見てしまう。フクロウとコウモリとネズミとヘビなど、あの世とこの世の境界に住まうものたちを引き連れ、「わたしとホーキに乗らないかネ」と誘いかける魔女の顔は、グリーナウェイの絵とは思えないほどグロテスクだ。

りんごとショウガパンがほしいなと無邪気に答えた男の子たちの唄では、お返しに要求されるのが「おまえたちの人差し指2本と　おまえたちの親指2本」。ビリーをさらっていく赤い帽子とマントの「年老った男」は一体何者なのだろう。見ていた「わたし」は「こんやはどんなにおそろしいことになるだろう」と身を震わせる。逢魔が時には、安全な世界を囲む境界がぼやけ、溶けて曖昧になることを、子どもたちはよく知っているのだ。

花と少女

話がちょっと無気味になってきたところで、最後に一つ、わたしの好きな詩を挙げておこう。これだって境界線が曖昧になるさまをうまく捉えたふしぎな詩だ。文脈の都合上、拙訳で引用する。

姉妹が五人、一列になってお散歩。
女の子がお外に行く、いちばんいいかっこうして
みんなが丸い帽子をかぶり、みんながそれぞれマフを持って
新しいみどりのふわふわ外套もおそろいよ。

マリーゴールド五つ、一列になって咲いてる。
マリーゴールドがすくすく育つ季節だものね
みんながみどりの茎を伸ばし、みんながあかるい
黄色の花をつけて、新しい赤い植木鉢もおそろいよ。

緑のドレスの五人姉妹がページの上に、赤い鉢に咲く五本のマリーゴールドが下に配されている。少女たちと見えたのは、すれ違いざまにふとふりむくと、マリーゴールドの鉢だった？『窓の下に』はそんな瞬間を捉えている。

『おどる12人のおひめさま』

エロール・ル・カイン絵，グリム兄弟原作，矢川澄子訳

井辻朱美

紙上劇場の豪華さ

ほるぷ出版，1980年（原書，1978年）

昔話の余白の世界

エロール・ル・カインのことを、筆者は長いことフランス人だと思っていたし、その絵はマリオ・ラボチェッタとカイ・ニールセンの直系だとしか見えなかったので、そうした二十世紀の変わり目前後の黄金時代の挿し絵画家の衣鉢を継ぐ、クラシックな趣味の孤高の画家なのだと思っていた。だが、そのうち漫画家さくらももこが熱烈なファンとして名乗りをあげ、遺作を見に行ったのを知って、かなり混乱し、さらにこの華やかな名

前が、母親がファンだったハリウッドの活劇俳優のエロール・フリンに由来するものだと聞いて、夢はがらがらと崩れた。のだが、その絵のかもしだす、どうしたってヨーロッパな雰囲気は、彼のすべての作品を「お話」というよりも繊細優美な大人の「劇場作品」に仕立てあげている。

そんな彼が初期に、ギリシャ神話やグリムの昔話を多くとりあげたのも当然だろう。この絵本にさきだつ『いばら姫』はさらにファンタスティックで、中世のタペストリーが色あせる前の姿をあらわし、それに妖精がかろやかなデフォルメの魔法をかけたような、そんな味と匂いと香りに満ちていた。彼の絵はびっしりと空白を埋めつくす。それは彼自身が語るように「場所の雰囲気、感覚」こそが、描きたいものだからにちがいない。

空気感にあふれるその絵は、見るものをたちまちオペラの舞台の中に誘い入れる。明らかに音楽が聞こえてくるその絵は、ストーリーよりも、その物語の起きた時代や場所の魔法を語りたいのだ。

『おどる12人のおひめさま』では、十二人の王女の靴が毎朝ぼろぼろになっている。その謎のとける男に王女を嫁にやろう、と父王がおふれを出す。この物語では王子ならぬ貧しい兵士が、姿かくしのマントをもらってその謎を解く。王女たちは毎晩「地のしたのお城で、12人の王子さまたちと、おどって」いた。この「地のしたのお城」がなんであるのかも、なんのためにそんなことをしていたのかも、また十二人の王子がなにものかも明らかにされないままに、読者の想像にゆだねられるのが、昔話の魅力のひとつかもしれない。

そしてもうひとつ心に残るのは、謎を解いた男が「わたしも、もうわかくはないし、いちばん年上のかたにしましょう」と総領の王女を選ぶ結末である。おとぎ話では、一番上の王女または王子が主人公になる話はめったにないものだ。

このふたつが物語に「なぜ?」の漂うふしぎな余白を作っている。そしてこの余白を華麗な、ちょっぴりノスタルジックな雰囲気で埋めるのが、ル・カインの絵である。

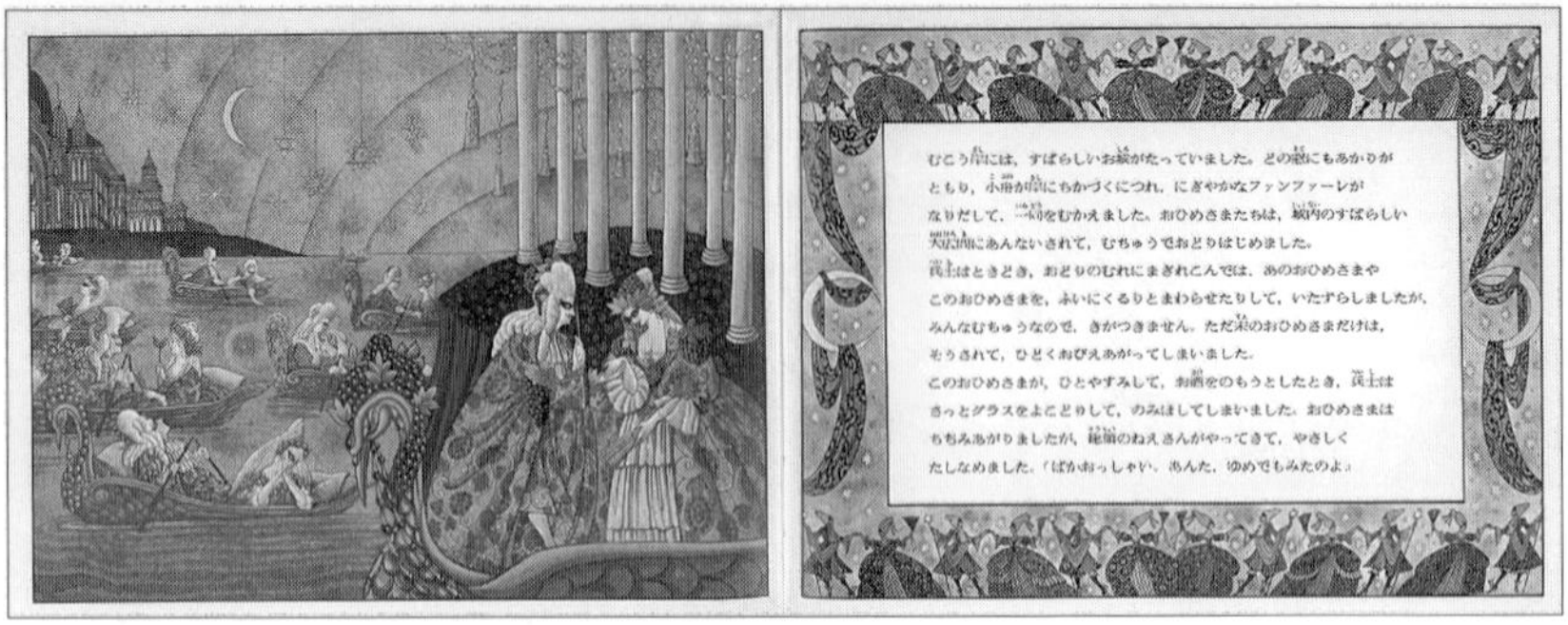

装飾化された空間

タイトルの入っているページは紫と青の色調のなかに、扇をさかさにしたようなお姫さまたちのスカートが影絵よろしく漂っている。オリエンタルな味わいの小物やコスメを発表している現代のアメリカのデザイナー、アナ・スイそっくりである。この青紫の縹渺《ひょうびょう》とした色合いがあらわれるとき、それは中世というはるかな時のへだたりの涼しさをあらわしているようだ。遠い昔の夢幻のお話なのですよ、という遠隔化の作用である。

そして王女たちや王や兵士を比較的近距離から生身の個人として描くときには、画面があたたかな黄色に浸される。もちろん森の緑、大地の下の熱を思わせるオレンジ色、銀の森、金の森のそれぞれの色合いなど、テクストによって決まる色調もあるのだが、おおむねはル・カインの自在な距離の取り方によって、カメラを引きたいときには青と紫、寄るときには夕陽のぬくもりを帯びた黄色があらわれてくるのである。

そしてどの絵も多くの引用に満ち満ちている。

地下の宮殿へ舟でわたる場面は明らかに、ヴェネチアのゴンドラの風景である。みなが宮廷風の白いかつらをつけ、マスクで顔をおおった仮面祭を思わせ、遠くからはヴェルディやモーツァルトの音楽が聞こえてくる。続くページに立ち並ぶ柱のように無機的な木々は、ニールセンの北欧の世界から借用してきたようだ。隣りあって、風に吹かれてたわんでいる木々はベルギー象徴派ヤン・トーロップをただちに連想させる。いざ舞踏会のページとなると、星をあしらった背景の回廊つき丸天井をふくめてオペラの舞台そのものだし、登場人物の着物にたっぷり描きこまれた模様もタペストリーの柄も、どこかたまらなくなつかしい既視感のあるものだ。

こうした自在な引用を見ていると、ル・カインの描きたかったのは、人物の意志を際立たせることではなく、建物のような堅固なまでのすべてを溶かしこんでさわさわと揺れる美しい空間なのだと思えてならない。

矢川澄子の文体のしなやかさ

近年亡くなった矢川澄子は英語圏のみならず、ミヒャエル・エンデなどドイツ文学の訳業も多い。つかみかたのしっかりした彼女の文章が、甘やかで装飾に流れる空間をひきしめ、人間のドラマを彫りだしていることにも注目したい。総領のおひめさまが、年上の人がいい、と兵士に申し込まれて、ちょっと鼻白んだように「けっこうなおせじですこと」と答える。兵士は、いやあなたが一番うつくしく、かしこいのだ、と続けるが、気位高く責任感ある長女は、父王の面子をつぶすわけにはゆかず、さりとてどこの馬の骨とも知れぬ男と結婚しなければならないことについては、いささかの忸怩たる思いも抱いたにちがいない。それをも呑みこんで、引き受け、背負ってゆくのである。その長女の決意のような言葉が美しい。

ル・カインは一九四一年シンガポール生まれ。十代半ばにイギリスに移り、映画やアニメーションに手をそめるうち、一九六八年、絵本『アーサー王の剣』でデビュー。昔話や伝説、「アラビアンナイト」などを扱った絵本作品が多く、きわめてヨーロッパ的な挿し絵画家の系譜をひくように見えるが、本人はハリウッド映画や舞台からそれらを間接的に感得したのであって、自分は「借りもの上手なカササギ」であるとしていた。劇場的効果を大切にした彼らしく、最後の作品はミュージカル「キャッツ」の原作であるT・S・エリオットの『魔術師キャッツ』だった。享年四十七。ちなみに、さくらももこの『憧れのまほうつかい』によれば、本書は「この世の素敵を全て集めたかのような絵本」だった。

『すきですゴリラ』

アントニー・ブラウン作／絵，山下明生訳

藤本朝巳

ゴリラ大好き——夢の出来事が現実に

あかね書房，1985年（原書，1983年）

深刻なテーマをユーモラスに

英国は一九七〇年代以降、児童文学の分野でも、それまでタブー視されていた深刻なテーマが題材として扱われるようになった。例えば、戦争、民族、貧困、暴力、障害者、環境問題などを、さまざまな立場から描く作品が出されている。アントニー・ブラウンはこのような問題を、英国特有のユーモアと風刺をきかせ、家庭内の日常の出来事として描く。しかし、深刻すぎると思われる内容も、幸せを願う作家自身のやさしさが根底から支えている。

さて、この作品は母親不在の家庭を舞台にしている。主人公のハナはゴリラが大好きだった。でも一度も本物のゴリラを見たことがない。そこで、父親に動物園に連れて行って欲しいとねだるが、父親はいつも忙しく、ハナは独りぼっちで過ごすことが多かった。誕生日に、ハナは玩具のゴリラをもらう。ところが、その人形が真夜中に本物のゴリラになり、ハナを動物園に連れて行ってくれる。ハナの願いは夢の中で実現するのだが、翌朝目覚めると、父親がハナに「動物園に連れて行ってあげよう」と言う場面で物語は終わる。

修業時代の修練が結実

ブラウンは美大を劣等生として卒業した後、王立病院などで医学教材図を描くことになり、この経験によって、生きものの外見も内部も詳細にリアルに描く技術を身につけた。この技巧が『すきですゴリラ』や『どうぶつえん』などに見事に生かされている。次に行った仕事はグリーティング・カードの制作であった。この仕事は質的に新しいものを作り出す契機となり、独自のスタイルを作り上げ、その描き方を子どもの本に使うことになったという。彼のユーモラスな絵はこの時代の修練の賜物である。その後、彼は絵本にシュルレアリスムを用いる、新しい様式を生み出す。この手法で描かれた絵は子どもの率直なものの見方に近く、「ウィリー」シリーズに代表されるように、子ども読者に強く訴える。

視覚言語

この絵本は、ハナの寂しさや彼女の我慢している様子（マイナス面）と、彼女の満たされない気持ちが心ゆくまで満たされる（プラス面）という、両極端な心のあり方を描いている。それゆえ、この作品では、悲しさと喜びをどう描き分けるかが、作者のねらいであったと思われる。

ところで、彼はことばで語れない部分を絵で語る。例えば『ゴリラ』に用いられている二つの食事の場面を見てみよう。最初に登場するのは、ハナと父親のわびしい朝食シーン、後半に登場するのは、ハナとゴリラの楽しい夕食シーンである。この二つの場面では、ことばはわずかしか語っていない。しかし、絵が多くを物語るのである。

二つの場面を比べると、対照的に描いてあるのがわかる。前者には寂しい少女と冷徹な父親、後者（上図）には嬉しい少女と優しいゴリラが表されている。前者では二人の間に溝があり、疎遠な感じがする。二人の間には新聞が立ちはだかる。読者の視点は低く、父親は見上げるような位置にいる。後者では同じ構図を用いながらも、二人は親しい感じがする。ゴリラは、読者とハナにより近い関係にあるように見える。つまり両図は、親と子の望ましくない冷えた関係と、大人と子どもの望ましい温かい関係を示しているのである。

また、前者では父親は朝食にコーヒーだけを飲み、顔色が悪く不健康。ハナの朝食も牛乳とシリアルだけである。後者ではゴリラはおいしそうにバナナを食べ、ハナの前には好物の食べものがたくさん並べてある。

注目すべきは、前者では、ハナを除いて全てが寒色系の色合い（青色、白色など）で描いてあり、後者ではハナを中心に全てが暖色系の色合い（赤色、橙色など）で描いてある。さらに、前者は幾何学的な形態（四角形、三角形、硬い縁、尖った鋭角な角度）で描いてあり、全てが整然と並んでいて、しかも病院のように衛生的で冷たい。壁は硬い平面で、人を寄せつけず、ハナの思いを拒否しているようである。後者は丸みを帯びた形態（円形、楕円形、柔らかい線や縁、丸みのある角度）で描いてあり、いろいろなものが雑然と並んでいて、家庭のように暖かい。壁紙のかわいらしいサクランボの模様が、楽しいリズムを感じさせる。ブラウンは、このような手法を視覚言語（visual language）を用いた描き方と述べている。

『すきですゴリラ』は孤独な少女の辛さと願いの成就というテーマを、短いことばで語り、色彩・形態・質感・距離感あるいは登場者の姿勢・ポーズ・枠・模様などを用いて、つまり視覚言語を駆使して描いた作品といえよう。

ゴリラが好きだから描き続ける

ブラウンはゴリラが大好きだという。彼が十七歳のときに亡くなった父親がゴリラに似ていたからだという。彼は「ゴリラは人間に似ており、好戦的ではなく、実際にはおとなしいベジタリアンで、家庭を大切にし、思いやりがあり、親が困っているとよく面倒をみる」と、語っている。

ブラウンは一度ゴリラの檻に入って撮影された経験がある。彼はゴリラと親しくなり、いよいよ撮影当日となった。カメラが回り始めると、ゴリラが興奮して彼の足に嚙みついたという。命からがら助け出された彼は、それでもゴリラが好きで描き続けているそうである。

アントニー・ブラウン（一九四六―　）は、英国シェフィールド生まれ。幼いころから描くのが好きで、いつも背景に遊び絵を入れて遊んだ。少年時代には『アリス』に惹かれ、フェアリー・テールとマンガを好んだ。『宝島』にN・C・ワイエスが怪奇な挿し絵をつけた物語に魅惑された。学生時代はスポーツが大好きで、小柄ではあるがラグビーの選手であった（ウィリーを思い出させる）。リーズ美術大学卒業。『すきです　ゴリラ』と『どうぶつえん』でグリーナウェイ賞受賞。二〇〇〇年、国際アンデルセン賞・画家賞を受賞。『シェイプ・ゲーム』でボストングローブ・ホーンブック賞などを受賞。親日家で三度来日し、日本各地で講演会や原画展を行っている。

『急行「北極号」』

クリス・ヴァン・オールズバーグ絵／文，村上春樹訳

灰島かり

クリスマスの汽車の旅

河出書房新社，1987年／あすなろ書房，2003年改訳版（原書，1985年）

突然の汽車の侵入

一九八七年に、初めて書店に並んだこの絵本の表紙を見たときに、私は手に取ってページをめくるのに、ちょっとだけ勇気を必要とした。表紙にあまりにひきつけられたために、本の中味に裏切られるのが怖かったのだ。線路などあるはずもない住宅街に、汽車が侵入している。汽車は煙をあげ、今にも動きだしそうだが、そこに止まっている。静けさを強調するのは、あたりに降りしきる雪。なんと見事な幻想の乗り物の登場だろう。

ところで「北極号」はなぜ汽車なのだろう？　バスだったら？　あるいは馬車？　飛行機や飛行船？　どれも男の子（多くが、乗り物好きだ）を魅了する乗り物だろう。だがここは、やはり汽車でなくてはならない。汽車は人や物を遠くへと運ぶだけでなく、その鋼鉄のメカニズムがいかにも重厚で、王者の風格を持っている。同時に、石炭をくべられて（食べて）、煙をあげて走る（動く）ところは、生き物じみている。擬人化されやすいので、絵本では『いたずらきかんしゃちゅうちゅう』や、「きかんしゃトーマス」のシリーズなどが生まれているし、長編ファンタジーでも「銀河鉄道の夜」などで、すぐれた助演者（？）として活躍している。「北極号」も見事に物語を牽引し、この絵本は現代の古典となった。

ふたつの空洞

物語はなめらかに進行する。クリスマスイブに、突然家の前へやってきた汽車に、主人公の少年は乗りこんだ。汽車の中には、パジャマを着たたくさんの子どもの乗客がいて、ヌガー入りキャンディーやココアなど、濃厚な甘いものをふるまわれている。甘味の饗宴はさぞ、子どもたちの身も心もとろけさせたことだろう。汽車の中の空洞を満たした子どもたちの身体は、今度は身体の中の空洞を、甘味という喜びで満たす。汽車と子どもの身体というふたつの空洞は満たされることで一体化して、汽車に乗ることの快楽がいよいよ増してくる。

だからこそオールズバーグは次のページに、汽車の通りぬける暗い森を描かずにはいられなかったのだろう。飢えたオオカミのうろつく冷え冷えとした森は、森もオオカミの胃袋もどちらも満たされない空洞であって、汽車と子どもたちが共に温かく甘く満たされていることを、際立たせてくれる。

進行と静止の非バランス

この絵本をすぐれて特別なものにしているのは、絵の力が大きい。物語がゆるぎなく進行するのに比べて、オールズバーグの絵はむしろ時間を止めているように見える。絵本では、ページとページのあいだにはギャップがあるのだが、画家たちはこのギャップを目立たせないように、絵と絵がなめらかにつ

ながるための工夫を凝らす。ところがオールズバーグの絵本では、絵の一枚一枚が時間のなかに凍りついていてでもいるように、シンと静止して見える。

静止効果は、遠近法の操作や、光と影の対比によりもたらされている。ストーリーの初めに戻るが、例として最初の見開きを見てみよう。少年が窓の外に汽車の音を聞いて、窓のほうへと身を乗り出した瞬間が描かれている。少年は極度の近景に置かれているうえ、遠近法が微妙に狂っているために、少年の身体の量感が見る者を圧倒する。さらに下を見ようという少年の「上から下への運動」と、不思議な光が少年を照らし出す「下から上への運動」が拮抗して、少年の身体はひとつの塊《マッス》りとしてそこに止まる。おかげで、肩の動きにつれてできたパジャマのシワまで綿密に描写されているのに、少年はその動きのなかで静止して見える。これからいったい何が起こるのだろうという期待と緊張をはらんだ優れたオープニングだろう。

物語がなめらかに進行することと、それと逆に時間を凍りつかせるかのような絵が続くことは、絵本に強い緊張をもたらし、それが幻想の世界を成立させる原動力となっている。

サンタクロースのいる風景

汽車は目的地である北極に到着するが、そこはおもちゃ工場の建ち並ぶ街で、エルフたち（翻訳では「こびとたち」）が、サンタクロースを手伝って働いている。工場は電飾で飾られているが、日常的な街であり、デパートがあってもおかしくなさそうだ。

エルフたちはあまりに数が多くて不気味だが、こちらもクリスマス・セールでごったがえす買い物客が連想できないこともない。

欧米で最もポピュラーな幻想であるサンタクロースのイメージを、オールズバーグはあまり変更せずにそのまま使っている。それは、読者が既に持っているイメージへのおだやかな敬意であるのかもしれない。

さて少年はサンタクロースから、その年最初のクリスマス・プレゼントをもらうという光栄に浴する。

ふたつの贈り物

少年はおもちゃでなく（つまり消費経済に組み込まれるのでなく）、トナカイのつける鈴を希望し、それをもらう（つまり幻想を支持する）。ところがその宝物を、ポケットの穴から落としてしまう。しかし翌朝少年のもとには、なくしたはずの鈴がちゃんと届けられていたのだった。少年は選ばれ、しかし自らの失敗によって、得た物を失った。少年が栄光と失意の後に手にしたのは、「許される」という最高の贈り物だったのだ。

物語を閉じるのは、トナカイの鈴の音はサンタクロースという不思議を信じる者（たいていの子ども）には聞こえるが、そうでない者（ほとんどの大人）には聞こえないというエピローグである。子どもはサンタクロースを信じる心を失うことによって、大人になるのだろう。だが宝物を失ってしかし許された少年は、もう信じる心を失うことはないに違いない。

「信じる」ことの大切さに収斂された物語はわかりやすく、多くの読者の共感を得た。この絵本は発売時に大ベストセラーになったばかりでなく、毎年クリスマスになるとベストセラー・リストに入って、世代を超えて受け継がれていく絵本となっている。

『もりのなか』

マリー・ホール・エッツ文／絵，まさきるりこ訳

白井澄子

森の中で広がる子どもの想像力

福音館書店，1963年（原書，1944年）

子どもの想像力をとらえる

子どもの小さな体の中には、想像力がいっぱいつまっているらしい。ちょっとしたきっかけがあれば、たちまちお気にいりのおもちゃが空想世界の主人公になる。エッツの『もりのなか』は、子どもが空想の世界で、思いきり想像の翼を広げてその世界に浸りきるひと時を、シンプルな絵と物語で見せてくれる。

誰でも新しいおもちゃをもっていれば、みんなにお披露目をしたいはず。この

絵本の主人公「ぼく」も、得意げに新しいラッパをふいて森の中に入っていく。すると、ライオン、ゾウ、クマなどが音を聞きつけて、いっしょに散歩に行きたいといって「ぼく」のあとについてくる。先頭の「ぼく」が吹くラッパにあわせてみんなが吠えたり、うなったり、ドラムをたたいたりして、にぎやかな行進がはじまる。大いに盛り上がったところで、森の広場でおやつを食べてから、ハンカチ落としや、かくれんぼをして遊ぶが……。「ぼく」を探しに来たおとうさんの出現で、動物たちは姿を消してしまう。でも、ぼくは「こんどもりにきたときに、みつけるから、それまでまっていてね」といって、動物たちと再会を約束する。おそらく、この次に「ぼく」が森に来たとき、隠れている動物たちと、すぐにかくれんぼの続きを始めるに違いない。エッツはまるで想像の世界で遊ぶ子ども自身のように、何のてらいもなく至福のひと時を読者の前にさしだしている。A・A・ミルンの『プー横丁にたった家』の最後で、クリストファー・ロビンが魔法の森を去るときの感傷とは一味違う、子どもの心理をありのまま表現しているところがいい。

シンプルな絵本の奥深さ

しかも、こんなにわくわくするできごとを、エッツはシンプルなモノクロの絵で表現した。黒のクレヨンで背景の森を描き、登場人物を白抜きにして浮きあがらせた絵で、黒の濃淡と線描だけの地味な絵である。しかし、ほどよい陰影が、ほの暗い森の情景や登場人物の表情をよく描き出している。また、絵の縁をぼかして周囲の余白にとけこませたことで、一〇×二〇センチほどの小さな絵にもかかわらず、空想の広がりを感じさせたり、読者を「ぼく」の世界に集中させたりする効果が生まれていて、少年と動物のにぎやかな声が聞こえてきそうな絵本になっている。

エッツの絵本は絵と文章がぴったりかみあっていて、安心して絵本の世界を味わうことができるものが多く、『もりのなか』も、絵が文章を視覚化して幼い読者が森の世界に入るのを助けている。むずかしい文章はひとつもないが、「ぼくは、かみの　ぼうしを　かぶり、あたらしい　らっぱを　もって、」で始まる文でもわかるとおり、

しばらく　いくと、だれかが　ぴくにっくをした　あとが　ありました。
そこで　ぼくたちは、ひとやすみして、ぴーなっつや　じゃむを　たべました。
また、そこにあった、あいすくりーむや　おかしを　たべました。

この物語は当時の絵本にしてはめずらしく、一人称で書かれている。絵にもそれが表れていて、「ぼく」が動物にであう場面では、「ぼく」は画面に描かれず、「ぼく」が正面から動物たちをみている構図が多く使われている。特に、二頭のクマが「ぼく」についてこようとして足を踏み出す場面では、クマの足が絵の枠からはみだしてこちらに向かっている。読者が「ぼく」と同化して臨場感を楽しむことができる工夫であると同時に、「ぼく」の空想がリアリティに変わろうとしている、まさにその瞬間をとらえているようで面白い。

ユーモアのセンスも光っていて、二頭の仔ゾウが水浴びをやめて「ぼく」についてくる場面では、二頭は水からあがるときに、ちゃんと耳をふいてくる。読者の子どもは、お母さんの「耳の後ろも洗ったの？」という言葉を思い出して、ニッコリするにちがいない。おまけに、一頭はセーター、一頭はソックスをはいて行列に加わるという、このちぐはぐぶりも楽しい。

誰でも参加できる行進

『もりのなか』の行列に参加する動物は、ライオンやゾウのような大物のほかに、コウノトリや、臆病なウサギもいる。コウノトリはたった一羽でいるところを、「ぼく」のさそいを受け、また、行進に加わったおとなしいウサギは、「ぼく」が自分のそばにおいて目を配ってやる。先頭を進む「ぼく」だが、決して偉ぶったリーダーではない。それは、おやつタイムにクマからジャムを舐めさせてもらう、ほほえましい場面が物語っている。弱いものへのあたたかいまなざしは、エッツらしさがよくでているところである。

幼い頃から絵の才能を発揮したエッツは、小学生のときに美術の先生から大人のクラスに入って学ぶことを特別に許可されたほどだったが、彼女は絵のほかにも、社会事業、慈善活動などに積極的に関わり、そういった方面の勉強や仕事にも携わっていた。特に、アメリカの中で十分に理解されていないメキシコ系アメリカ人への思いやりは、『クリスマスまであと九日――セシのポサダの日』に結実して、コールデコット賞をうけた。

エッツと自然

しかし、なんといってもエッツと切り離すことができないのは自然である。子ども時代に自然のなかで遊ぶ楽しさを知った彼女が、森と子どもの想像力をテーマに絵本を描いたのはごく当然のことであった。夫が病に倒れたとき、自然との関わりの中に心の癒しをもとめたエッツは、「どんな力も、自然と一体になった者を滅ぼすことはできない」とも書き残している。

この物語の中で、動物たちによってくりかえされる「わたしもいっしょにいってていい？」というせりふは、自然を愛した詩人ロバート・フロストが、秋の森に相手を誘う詩の中で繰り返す「あなたもいっしょにいらっしゃい」というフレーズを思わせる。この、心地よくリズムをきざむ繰り返しには、自然の中での楽しみを誰かと分かち合う喜びとやさしさがあふれていて、この絵本が時代を超えて愛されてきた理由がわかる気がする。

エッツは『もりのなか』の続編のかたちで、『わたしとあそんで』と『またもりへ』を描いているが、まさに森の絵本三部作といえよう。子どもは自然に近いといわれる。かれらはソローのように森を哲学しなくても、何の苦労もなく森や自然と一体化できるのだろう。いつまでも大切にしたい絵本である。

『かようびのよる』

デヴィッド・ウィーズナー作／絵，当麻ゆか訳

内藤貴子

メディア社会を嗤うカエルたち

徳間書房，2000年（原書，1991年）

ヘンな夜がはじまる！

静かな、夜の沼地。水際に群茂する蒲のむこうで、星がまたたいている。水面には白い夜霧がたゆたい、睡蓮の葉の上ではカエルたちが目をつむって、じっと眠りについている。……と、そのとき突如、カエルをのせた睡蓮の葉が浮き上がった！

宙に浮いたカエルは、目が点。口元も、おどろきと、わけのわからなさと、なぜかどこからか込み上げてくる嬉しさとが混じりあったような、えもいわれぬ表

情だ。読者もカエルと同じ表情になり、心臓を高鳴らせ、かようびのよるの幕開けに目をみはる。これからいったい何がはじまるの？　どうするの？　どうなるの？　ウィーズナーは、絵本のタイトルページが出てくる前から、かつてなく奇妙な夜のはじまりへと、静かにしかし強烈に読者を引き込んでいく。

滑空するカエルたち

最初の見開きページも、奇想天外なファンタジーがリアルに描かれており、心を摑まれる。水面から顔を突きだしあんぐりと口をあけた淡水魚たちを尻目に、ゆうゆうと中空を進んでいくカエルたち。緑や茶の斑点があるたっぷりとした質感は、絵に近づいて見るのが怖いくらいリアルだ。表情は擬人的に強調されているものの、図鑑のように正確に描かれたカエルたちが、睡蓮の葉にのって、ページをめくるごとに、むこうから、てまえから、ぞくぞくと現れては、滑るように中空を飛んでいく。

輝く満月を背にして、町の遠景いっぱいに広がって群れ飛ぶ、睡蓮のシルエット。何百、何千ものカエルたちが、睡蓮の円盤を自在にのりこなし、嬉々として町中を滑空するさまは圧巻である。このありえない光景の衝撃、おかしさ、ふしぎさを、ただただ堪能するだけでも、この絵本を開いた価値がある。

かようびはカエル曜日

太陽が沈むと同時に昇った月が、かようびのよるのふしぎを呼び覚ましてから、朝日が魔法を一瞬にして解き、睡蓮の葉が浮力を失うまでの約八時間半。ウィーズナーは読者を、濃密な夜のふしぎにどっぷりと浸からせてくれる。カエルたちとともに煙突を急降下し、焚口で睡蓮の葉をしならせて急カーブを切ったり、洗濯物の干された庭で風にたなびくジーンズをうまく通りぬけたりして、読者の心も町中を飛び回る。

ウィーズナーは、なぜ火曜かという理由を、コールデコット賞受賞スピーチで述べている。まず、週末や仕事初めの月曜のように既存イメージがない曜日だから。また tuesday の ooze という音が、湿地・沼地、液体や湿気などの水分がにじみ出る、群集などがじわじわ進むなどの意味をもつことから、カエルにふさわしいと感じたからだ

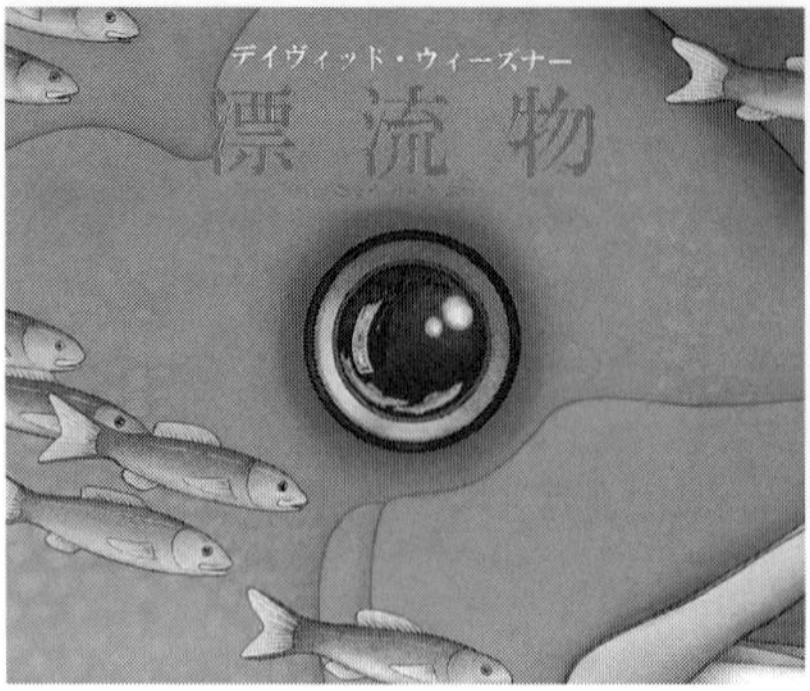

『3びきのぶたたち』（デイヴィッド・ウィーズナー作，江國香織訳）BL出版，2002年。
『漂流物』（デイヴィッド・ウィーズナー作）BL出版，2007年。

そうだ。幸いにも、日本語でかようびはカエル曜日に音が近い。ユーモアやどたばた喜劇《スラップスティック》も作品づくりにおいて志向しているというウィーズナーは、この偶然の地口もきっと気に入るだろう。

ルネサンス絵画にSFを見るおもしろさ

ウィーズナーは、キューブリック監督のSF映画『二〇〇一年宇宙の旅』に感銘を受けたという。そういえば、B級SFの空飛ぶ円盤から着想を得たという睡蓮の円盤だけでなく、絵本の随所に見られる枠使いや、言葉少なにして見開きいっぱいに突如広がる印象深い光景は、一九五〇―六〇年代の特撮映画のカット割や宇宙シーンを思わせる。

一方、少年時代のウィーズナーが惹かれたのは、ダ・ヴィンチ、ミケランジェロ、デューラーらのルネサンス画家だった。そしてモダンアートのなかでは、マグリット、デ・キリコ、ダリらのシュルレアリスムを好んだ。『かようびのよる』もルネサンス絵画のように、遠景は奥深く存在感があり、前景はドラマティック。ふしぎな現象や浮遊のモチーフは、まさにシュールだ。ウィーズナーによれば、モナリザの背後に広がるイタリアの風景は、火星のように見えたという。ルネサンス絵画にSFを見るおもしろさこそ、ウィーズナーらしさなのだ。

また、世界の光景《ランドスケープ》を細部まで丹念に描きこみ、さまざまな視覚情報や遊びを仕込んだ上で、鳥瞰的に一摑みにするところは、ウィーズナーが衝撃を受けたというピーテル・ブリューゲル（父）やボッシュに似ている。幼い頃、百科事典で飽きることなく見入ったというチャールズ・ナイトによる恐竜の精密画が、リアルな筆致の根底にあることも忘れてはならない。

メディア社会への風刺画

大胆で衝撃的な、絵の構図や着想。物語を補完するのではなく、独立して意味をもつ絵。伝統的な物語性の崩壊。意味のわからない現象の連なり。オープンエンディング性。どれをとっても、これはポストモダンの絵本といえるが、とりわけポストモダンなのは、その文章である。

この絵本には、ほとんど言葉が無い。ウィーズナーは、米国内で受験倍率の最も高い美大のひとつで、美大のハーバードとも呼ばれるロードアイランド造形大学で学んだが、リンド・ウォードによる木版画のみを連ねた言葉のない本に出会ってから、授業の課題は言葉のない絵本づくりに費やした。『かようびのよる』でも、文は冒頭の「かようび、よる8時ごろ……」、中盤の「よる　11時21分。」、終盤の「よあけまえ、4時38分。」、そして最後の「つぎの　かようび、よる7時58分……」のみだ。この分刻みの時刻のみを語る文章に込められたウィーズナーの意図は、警察による現場検証の場面になってわかる。

朝になり、町中の地面に散らばり落ちている睡蓮の葉をいぶかる刑事たち。テレビクルーも駆けつけて、夜食時に空飛ぶカエルを目撃した男性にインタビューしている。しかし当のカエルたちは既に一匹残らずねぐらへと跳ね帰り、後に残された睡蓮の葉からは粘液が不気味に滴るだけで、現象の真相はわからない。

これは、時に事件の些少な側面の過剰報道に走り、報道の本質を見誤りがちな現代マスコミの姿と、結局はそのマスコミを通してしか世界を捉えることができず、真実を見誤りがちな我々の姿を揶揄する風刺画なのだ。ともすれば単に牧歌的で、風変わりな絵本にすぎなかったかもしれない『かようびのよる』は、ドキュメンタリータッチで描かれることで、現代のメディア社会を嗤う斬新なポストモダン絵本となったのである。

『スノーマン』
レイモンド・ブリッグズ作

成瀬俊一

ことばを超えて伝わるもの

評論社，1978年／1998年改題版（原書，1978年）

真夜中はワンダーランド

日中は起きて活動し、夜は寝るものだと躾けられている子どもたちにとって、真夜中という時間は一つの異世界だ。この近くて遠い禁断の世界では、あらゆる素晴らしいことが起こり得る——そう信じている子どもたちに、英米の絵本はさまざまな楽しい夢を与えてきた。たとえばアプトンの『二つのオランダ人形の冒険』では、おもちゃ屋の人形たちがクリスマスイブに一夜限りのお祭り騒ぎを楽しむ。センダックの『まよなかのだいどころ』では、ミッキー少年が自作のパンの飛行機で夜空を飛ぶ。

ブリッグズの『スノーマン』もまた、真夜中のワンダーランドの伝統を受け継いでいる。ある少年が作ったスノーマン（雪だるま）が真夜中に生命を得て動き出し、いっしょに一夜を遊び明かす。この絵本の特徴は、まず画面がマンガ風にコマ割りされていることだ。これにより、出来事を動画的に生き生きと捉えることに成功している。さらに印象的なのは、ナレーションであれ台詞であれ、文章がいっさい排除されていることだ。にもかかわらず——いや、だからこそ、ことばを超えて読者の心に伝わるものがある。

静かな異文化交流

ある朝、少年が目を覚ますと、窓の外で雪が降っている。大喜びで庭に飛び出し、雪をかためてスノーマンを作りはじめる。朝ごはんのあと、さらに形を整え、帽子とマフラー、石炭の目とパンの鼻をとりつけて、一日がかりで大きなスノーマンを完成させる。日が暮れてベッドに入っても、大好きなスノーマンのことが気になってしかたがない。両親が寝入った真夜中に、こっそり庭に見に行くと、スノーマンが帽子を脱いで挨拶をする！

少年はスノーマンを家に招き入れる。居間や台所の家具を見せたり、お父さんの服を着せたり、子ども部屋のおもちゃでいっしょに遊んだり、冷凍食品をごちそうしたりする。その間、二人が交わしたであろうことばは、いっさい文章化されていない。見方によっては、まるでホームステイに来たことばの通じない外国人に、イギリスの家庭生活を紹介しているかのようにさえ映る（実際、典型的な衣食住が手際よく紹介されている）。居間に据え付けられた暖炉や、キッチンカウンターの下の冷蔵庫や、バスタブのような大きな冷凍庫は、日本の読者にとっても、ちょっとした異文化体験かもしれない。

ごちそうを食べ終わると、スノーマンは少年の手を取って表に連れ出して、いっしょに空高く舞い上がる。少年がしてくれたもてなしへの感謝をこめて、お返しに、自分の世界、雪降る夜空を体験させるのだ。この一連のダイナミックな場面では、それまで多数の小さなコマで分割されていたページがだんだん大きなコマ割りになり、ついには見開きの一枚絵へと切り替わる。雪の夜空が大画面いっぱいに広がり、抜群の解放感がある。

枯れ木に覆われた丘を飛び越えて、二人が行き着いた先は、海辺の町の桟橋。まもなく東の水平線が赤らみ始め、スノーマンは少年を家に連れて帰る。

このようにして、ことばを介さない（けれども何が起きているのか読者には十分理解できる）異文化交流が進められる。気になるのは、少年とスノーマンがそれぞれ相手の「場所」で過ごす時間のバランスが偏っていることだ。二人が家で過ごす時間の方が、夜空で過ごす時間よりも圧倒的に長い。これはどういうことなのだろうか？

この「時間差」は、少年がスノーマンに**して**、**あげる**ことの方がその逆よりも多いことから生じているようだ。この絵本が描いているのは、少年とスノーマンの友情の物語ではあるのだけれど、ほとんどの場面が訴えてくるのは、前者が後者に注ぐ愛情なのだ。

愛するということ

少年はまる一日かけて丹念にスノーマンを作り、服を着せ、食べ物を与え、素朴だが幸せな人間の生活を教える。スノーマンと離れているときには、寝ても覚めても、食事の間さえも、窓越しに彼の姿を見守っている。暖炉やコンロの熱に近づくとたちまち溶けはじめるスノーマンを気遣い、寒い冬の夜中にいっしょにアイスキューブを食べる。凍えるほど寒いはずなのに、柔らかいタッチとほのかに明るい色づかいの挿し絵からは、むしろ奇妙なほど心地よいぬくもりが伝わってくる。

だが、ひたすら甘いだけの物語ではない。少年は、スノーマンと空の旅をして帰宅すると、疲れ果てて眠ってしまう。ふたたび目を覚まし、スノーマンを見ようと急いで庭に出てみると、太陽の熱ではかなくも溶けてしまっている。この悲しい結末に抵抗を感じる読者がいるかも知れない。芽生えたばかりの美しい友情を無残に破壊するなんて！

このような喪失がもたらす悲しみは、誰かを心から愛することに必ずつきまとうものではないだろうか。そうであるならば、悲しみを受け入れることもまた、愛の一部であるはず。『スノーマン』はこの問題から目をそらさずに、最後まで描ききっている。真夜中のワンダーランドを舞台に、愛するという行為の現実を、ことばを超えたところで体験させてくれる。

ブリッグズの世界

レイモンド・ブリッグズ（一九三四―　）は、マンガ風に画面をコマ割りした絵本が得意で、しばしば社会の異端者や弱者をユーモラスな視点で観察する作家だ。たとえば『さむがりやのサンタ』では人間臭い欠点を持つサンタクロースの愉快な冒険を描き、『風が吹くとき』では核戦争下で死の灰に生命を蝕まれてゆく素朴な老夫婦の愛を綴る。『スノーマン』の出版に一年先立つ『いたずらボギーのファンガスくん』では、ヘドロにまみれたひねくれ者のお化けたちの日常生活を詳細にレポートする。これは『スノーマン』とは対照的なお行儀の悪い作品だが、ある意味で強烈な異文化体験をさせてくれる一冊だ。

コラム③　西洋のキツネと日本のキツネ

灰島かり

絵本は当然ながら、その背景の文化をよく伝えてくれる。絵本には様々な動物が登場するが、出版される国によって、動物のとらえ方が違うところが興味深い。特にキツネは東西の文化の違いから、性格が異なって表現されるので、西洋のキツネ絵本と日本のキツネ絵本を比較しながら鑑賞してみよう。

西洋の絵本に登場するキツネは、徹底して嫌われ者であることが多い。その典型を「ピーターラビット」のシリーズの『あひるのジマイマのおはなし』に見ることができる。ポターはこの絵本をあかずきんの話を元に、オオカミをキツネに変えて描きおろしている。実際に農場の近くで小動物をねらうのは、オオカミよりキツネが多かったためだろう。『ジマイマ』のキツネは、おしゃれで紳士面をしているが、これは美しい毛皮を持つキツネのイメージを反映している。キツネは親切そうにジマイマに近づくが、実は丸焼きにして食べようとしており、狡猾さが強調されている。とはいえ最後にはイヌに成敗されてしまうので、この狡猾さは愚かさと表裏一体となっている。

狡猾だが愚かでもあるキツネが登場する現代の絵本はたくさんあるが、ハッチンス作『ロージーのおさんぽ』はその代表だろう。めんどりのロージーをつけねらうキツネは、酷い目に遭いつづけて、読者の笑いを誘う。

「紳士面で悪賢い」というキツネのキャラクターは、多くの絵本で共通しているが、そのルーツのひとつは十二世紀のフランスで流布した物語詩『狐物語』だろう。主人公のキツネのルナールは、悪知恵の限りをつくして、宿敵のオオカミはじめ周囲を翻弄する。また十四世紀に、イギリスの詩人ジェフリー・チョーサーが書いた『カンタベリー物語』の一編に悪ギツネが登場するが、これを元にバーバラ・クーニーが『チャンティクリアときつね』を描いている。

もちろんキツネを悪者としない絵本もないわけではないが、数は少ない。そんな例外をひとつあげるとバーニンガム作『ハーキン――谷へおりたきつね』がある。この絵本では独立心の強い子ギツネのハーキンが、キツネ狩りに興じる領主の一行を出し抜いて、キツネ一家の平安を守る。キツネの捕食者としてのあり方は変わらないが、それをキツネの側から描いているため、ハーキンは小さな英雄になっている。

結局この例外も含めて、西洋の絵本に登場するキツネは捕食者であり、知恵が働く悪者とされている。

一方の日本ではキツネは妖しい力を持っており、人を化かすと信じられてきた。ずるがしこいイメージもあるが、元は農耕神であり、稲荷神社のお使いでもあるので、悪者とはいえない。キツネが登場する日本の絵本はバラエティに富んでいて、その量と質は、世界一だろう。

伝承の狐女房を元にした絵本『信太《しのだ》の狐』（宇野亜喜良絵）や『きつねにょうぼう』（片山健絵）では、キツネは異界からの来訪者であり、本性を見られて去っていく姿が哀切きわまりない。キツネが美しい女性であるのは、中国の伝承である九尾の狐の影響もありそうだ。

創作では新美南吉作「ごんぎつね」や宮沢賢治作「雪わたり」が、様々な画家の手で絵本になっている。どちらのキツネもいたずらだが、親しくなつかしい存在である。

現代の人気作品には、「ともだちや」シリーズ（内田麟太郎文、降矢なな絵）がある。ここでは主人公がキツネとオオカミの組み合わせであり、フランスの『狐物語』と同じであるのが興味深い。とはいえ「ともだちや」のキツネは等身大の男の子であり、兄貴分のオオカミを慕う気持ちはかわいく切ないものがある。

たくさんのキツネ絵本があるなかから、印象深い作品を二冊だけあげておこう。あまんきみこ文の『きつねのおきゃくさま』では、キツネは自分が食べようと思って接近したヒヨコやウサギを守るために、オオカミと戦って死んでいく。ヒヨコの「かみさまみたいなおにいちゃん」という言葉が、捕食者でありながら神に近づいたキツネの姿を象徴していて、どこか仏教説話を思い起こさせる。安房直子文『きつねの窓』では、キツネは幻想性と、鉄砲で撃たれた母への慕情に満ちた複雑な存在になっている。

さて東西のこれほどのイメージの違いは、いったいどこから来るのだろうか。牧畜中心の西洋では、ニワトリやウサギなどの小動物をねらうキツネは、害獣以外の何物でもない。だが日本では、収穫した米などの穀類をねらうのがネズミやイタチであり、これらを捕食するキツネは、むしろ益獣だったのだ。この差が、キツネのイメージを変えた大きな原因だろう。

悪者のキツネが登場する西洋の絵本は、獲物を追ったり追われたりのアクションが中心となる。だが日本ではキツネは妖しい力の持ち主であり、異界からの客人であることが多い。そのためにキツネが登場する日本の絵本では、人間との出会いや別れがテーマとなりやすく、情感に訴えるものが中心となっている。悪者の西洋のキツネと、哀しい日本のキツネ、どちらも様々な傑作絵本を生みだしている。

『ハーキン――谷へおりたきつね』（ジョン・バーニンガム作，あきのしょういちろう訳）童話館出版，2003年。
『チャンティクリアときつね』（バーバラ・クーニー作，ジェフリー・チョーサー原作，平野敬一訳）ほるぷ出版，1975年。
『きつねにょうぼう』（片山健絵，長谷川摂子再話）福音館書店，1997年。
『ともだちや』（内田麟太郎文，降矢なな絵）偕成社，1998年。

Ⅳ　生きる喜び，生きる悲しみ

『すばらしいとき』

ロバート・マックロスキー文／絵，渡辺茂男訳

髙田賢一

大いなる自然に抱かれて

福音館書店，1978年（原書，1957年）

海辺という舞台

海辺で暮らすと考えただけでゾクゾクしてくる。ましてそれが小島なら、どんなにわくわくすることだろうか。窓から入ってくる潮風、聞こえる波の音、遮るもののない視界、そしてたっぷりと降りそそぐ日の光。夜になると、星が大きくまたたき、金色のシャワーを浴びせる。泳いだり、ボートやヨットに乗ったり、サーフィンだってしたくなる。ほんの数日でいいから、そんな贅沢を味わいたい。この絵本の少女たちのように。

海辺の魅力がかなりの数の絵本を生み出してきた。マーガレット・ワイズ・ブラウンの『ちいさな島』、クーニーの『ルピナスさん』や『ぼくの島』、ゾロトウの『海辺の本』（未訳）などがすぐに思いつく。しかし、海辺の大家はなんとい

ってもマックロスキーではないだろうか。

島の暮らしに魅せられて

彼は、日常生活の一部としての自然を好んで描く。一九八七年にボストン公立公園内のブロンズ像になった『かもさんおとおり』では、ボストンの通りを子ガモ連れで悠然と移動するカモの一家に、都市の人間たちが笑顔で道を譲る様子が描かれている。これ以降、彼の代表的な絵本は舞台をメイン州の海に浮かぶ小島に設定し、彼自身の娘たちの成長記録という私的な側面を色濃くしていくが、子どもにとって自然界は不思議なものとの出会いの場所であることが繰り返し示される。楽しくもあれば不気味でもある自然がそこにある。

メイン州の小島で夏を過ごすのが慣わしだったマックロスキーには、メインの島三部作と呼ぶべき絵本がある。それぞれ、幼い少女たちの自然界での体験を主題とする絵本だ。ブルーベリー摘みにやってきた丘の上での熊と人間の二組の母と子のさりげない出会いと別れを描く『サリーのこけももつみ』に始まり、海辺で暮らす家族の情景を描く『海べのあさ』、そして『すばらしいとき』である。自然界に横溢する生の躍動への讃歌ともいうべきこれらの絵本は、素朴ながら味わいのあるタッチで、自然の驚異と触れあって生きる子どもたちの日常を絵日記ふうに語ってくれる。彼の代表作『すばらしいとき』は、まさにそのような作品なのだ。

視覚化された時の流れ

『すばらしいとき』を読む最大の驚きは、春から夏の終わりにかけての季節の変化が、じつにすんなりと伝わってくることではないだろうか。それは、この絵本の主題である時間が、見事に視覚化されているためだ。最初の文章に注目してみよう――「ペノブスコット湾の水面に岩勝ちのみぎわをみせる　小島のつらなりの上で、みてごらん、世界のときが　ゆきすぎるのが　みえるから。一分一分、一時間一時間、一日一日、季節から季節へと」。この書き出しの一文で、ゆっくりと空を移動する雲は時間なのだ、と告げられる。潮の満ち引き、成長するシダ、朝から夜への日の移ろい、鳥も飛行機も嵐もそうだ。そして、子ども

これまで　だれもあるかなかった場所が
もっとないかと　さがしているうちに、
おまえたちは、たおれた木の根がのこした
ぎざぎざの穴に　はいりこむ。
家のそばの　古い木の下に、
おまえたちは、インデアンの貝塚をみつける。
何千という、ゆきのように白い　はまぐりの
貝がらを　つつくうちに――さわれば
ちりぢりになってしまうほど　古い
貝がらだね――おまえたちは、
いま　たっているところに、
白人たちが　このくにへくる　ずっとまえ、
インデアンの　子どもたちが　たっていた
ことに　きづく。
54
55

たちもまさに時間そのものなのである。いろんな経験を積み重ねて成長していく子どもほど、目に見える時間というにふさわしい存在はない。「おまえたち」と語りかけてくる声の遙か頭上には、無限の存在が有限の世界を見つめている。自然が驚異の世界なら、小さな自然である子どももまた驚異の小宇宙なのだ。子どもたちは風景の一部として溶け込み、自然の美を体験するのみならず、歳月に侵食された岩や嵐から恐ろしいほどの自然の力を目撃し、嵐で倒された大木の根っこの下に先住民の遺跡という歴史を見ることになる。このように積み重ねられた細部が、時間の流れという主題をしっかりと支えている。

ささやかだけれど大切なこと

マックロスキーは静かな語り口を好む。ささやかな日常の重み、大切なことはさりげなく小声で語るべきことをよく知っている。『海べのあさ』では、初めて歯が抜けるサリーという少女の不安、それをしっかり受け止めてくれる両親、彼女を取り巻く犬や猫や鳥や動物たち、この少女を温かく見守る社会をきっちり描いてから、生きることは食べることというごく当たり前のことを語って聞かせる。生きものたちが餌

を取るのは自然界に不可避の食物連鎖だなどと、ビッグワードを使わない。一本の歯が抜けるという出来事を描くだけで充分なのだ。『すばらしいとき』の場合も、ただ少女たちの行動にのみ目を向け、余計な感情移入などしない。その姿勢があればこそ、ドラマに満ちた子どもの時間のかけがえのなさがごく自然に伝わってくる。マックロスキーは細部をとても大切にする人だ。「歯ブラシを　わすれないように」という結末近くの言葉には、にやっとしつつ、うなってしまう。

マックロスキーの描く自然は、ただ単に光り輝く世界ではない。弱肉強食が支配し、嵐の襲来の前には人間を含めすべての生きものは無力でしかない世界として捉えている。自然とはただ美しい憩いの場に与えられた名称ではないのだ。たとえ距離的に人間界と離れている場合でも、実は自然界は社会と関わりのある空間であり、さまざまな驚きと喜び、そして恐怖の宝庫なのではないだろうか。彼の絵本は、自然に寄り添って生きる子どもたちが、かけがえのない体験を通してそのような知識を身につけていくことを鮮やかに示す。

根っからの絵本作家

一九一四年に生まれたマックロスキーは魅力的な絵本と物語を世に送り出したが、一九七〇年以降、一切の仕事から離れてしまった。家の風呂で数匹の子ガモを飼い、その動きをよく観察してから『かもさんおとおり』を描くほどディテールにこだわった彼は絵本を作ることに厳しく、しかも研究熱心だったが、一九九九年四月に来日したときもその一端を示してくれた。滞在中、若いころからの友人、『はなをくんくん』の挿絵画家マーク・シーモントと中尊寺で仏像画を見た折り、もっぱらその色使いと筆のタッチを語り合ったという。描くことへの思いは、二〇〇三年六月に死去するまで、胸の内にあり続けたのだろうか。いつまでも生きていてほしかった稀有な才能の人である。

『はなのすきなうし』

マンロー・リーフ作，ロバート・ローソン絵，光吉夏弥訳

小野　明

時代を背負うからこその鷹揚さ

岩波書店，1954年（原書，1936年）

まずは、あらすじ

昔のスペインでのこと。かわいい子牛のふぇるじなんどは、他の子牛たちのように跳んだりはねたり頭を突っつきあったりして暮らしてはいません。いつもひとりで、牧場の端にあるこるくの木の下で、一日中、花の匂いをかぐのが好きでした。そんな息子を見て、おかあさん牛は、みんなと遊ばないでさみしくないのかしら、と心配になり尋ねます。ふぇるじなんどは答えます。このほうが好きなんです、と。そこでおかあさんは息子の好きにさせてやりました。やがてふぇるじなんどは立派に成長し、大きくて強い牛になりました。その頃、五人の変な男たちがマドリードの闘牛に出す牛を探しにやってきます。ふぇるじなんどは自分には関係ないや、といつものようにこる

くの木の下に行きますが、そこで思わぬアクシデントに遭い、それが元で男たちに見込まれてしまい、マドリードに行くはめに。そしていよいよ闘牛の日、ふぇるじなんどは闘牛場のどまん中に出て行きますが、もちろん闘う意志なし。その場に座り込んで、観客の中の、たくさんの女の人の帽子に差された花から漂ってくる匂いを悠々とかぎ始めます。闘牛士たちは困り果て、結局、ふぇるじなんどは故郷の牧場に帰ることに。それからまた、こるくの木の下で花の匂いをかいで、幸せに暮らしました、とさ。

出版された時代背景

ここでまず、時代のおさらい。この『はなのすきなうし』が出版されたのは一九三六年。

アメリカ人の作家コンビが、スペインを舞台にした作品をつくったのだが、そのスペインでは、出版と同年に内乱が勃発。それに先立つ一九三三年にナチス政権を樹立させたヒットラーのドイツが、この内乱で公然と反乱軍のフランコを支援。ついに一九三九年にはフランコ独裁政権が成立。やがて第二次世界大戦が本格化していく。この火薬くさい時代のまっただ中に『はなのすきなうし』は刊行された。さて、この闘牛という物語設定は、この時代に無関係かどうか。残念ながら私は事実をつきとめることができなかったので、推測で書く。たぶん、関係ある、と。いくつもの〈正義〉が、各々それを貫徹させるために闘う。いくつもの〈力〉が、各々それを誇示するために闘う。〈勝つ〉ことの栄誉をめざして。

ふぇるじなんどは闘わない

闘牛は、まさにこの〈力〉のゲーム化、儀式化だろう。スペインの国技である、闘牛。すでに紀元前二二八年にゲームとして成立していたという記録があるらしい。そしてその闘牛用の牛は、特別の牧場で飼育された三歳の若牛が、雌雄を問わず使われるという。

そう、ふぇるじなんども、この特別な牛のようだ。緑の牧場でのんびり草を食む乳牛や肉牛ではない、牛。ふぇるじなんどは、その特別な牛の中の、闘う意志のない特殊な牛なのだ。まあ、強引に言ってしまえば、ベトナム戦争の頃なら、兵役を拒否したＬＯＶＥ＆ＰＥＡＣＥのフラワー牛、といったところか。私にはどうしてもそんなイメージが浮かんでしまう。時代をかえちゃっているけれど。

え？　何それ？　そんなことじゃないでしょう、この絵本の伝えたいことは。この作品は擬人化されない牛そのものの生活と信条を描いているのだ、という人もいるかもしれない。『動物感覚』（テンプル・グランディン他著）という本を読むと、どうやら牛のことが〈本当にわかる〉人がいるらしいから。私たちが日常、ペットと交流している際に感じるあの〈親しみ〉とは違う感覚で、わかる人がいるらしいから。

でも私は、この『はなのすきなうし』はやはり、人が闘うことの愚かさを牛に仮託して描いているという思いを捨て切れない。

〈容認する〉ということ

しかしまあ、この本が今でも愛され続けている大きな理由は、たぶん別にある。それは、ふぇるじなんどの周囲の者たちの態度の魅力だ。すなわち、〈特殊性の容認〉。母牛の愛情ある放任はもちろんのこと、同じ牧場で育っていく他の子牛たちもちょっかいを出したり悪口を吹っかけたりしなかったようだし、闘牛場の観客もブーイングせず、闘牛士たちの怒りもふぇるじなんどの命を奪うほうには向かわなかった。あいつはあいつ、しょうがない、と許容した。その狭量でない、一種鷹揚な空気が、この作品の大きな魅力だと思う。

ローソンの絵は、その空気を実にみごとに体現している。黒一色の絵が、出版事情の制約かどうかにかかわらず、まことにこの物語にふさわしい。物語にまさによけいな色をつけていないのだ。〈よけいな〉とはこの場合、あまりに現実的な、というほどの意味である。黒一色の線画だからこその抽象性が、絵の中の空気をより広やかに、空想的にしている。花の色も私たちが自由に想像できる。風景やフォルムはかなりリアルだが、適度なコミカルさが、物語の風通しをよくしている。ふふふ、ふぇる君、かなり痛そう！　でも、ごめんね、笑っちゃう。あ、なんで痛そうかは見てのお楽しみ。

さて、笑っちゃったついでに、一つの夢想。一九三六年、と言えば、この本の作者マンロー・リーフは、出版社の編集者として画家に素人絵で注文をつけていたら、いい絵じゃないか、きみも本を出したまえよ、と言われてデビュー作『文法のおたのしみ』（一九三四、未訳）をすでに出しているではないか。ということは、ローソンに「ねえ、これ、自分で描いたらどう？」と言われ「いやいや滅相もない……」なんて会話、なかったのかしら。あの、『おっとあぶない』（一九三八）の稚気あふれるナイスな絵でこの本が描かれていたら……と想像するのもまた楽し。

『かあさんのいす』

ベラ・B. ウィリアムズ作／絵，佐野洋子訳

西村醇子

額縁がつくる小さなミュージアム

あかね書房，1984年（原書，1982年）

イーゼルに載せられた本

わたしはベラ・ウィリアムズに会ったことがある！

一九九九年八月、アメリカの非営利慈善教育団体ＣＬＮＥが毎夏開催していたセミナーでのこと。この年ベラが受け持った約一時間の楽しいセッションを再現すると、こんな感じになる。

イーゼルの上の大きな白紙のスケッチブックにベラが絵筆をふるう。「本にはとびらが必要。この夏は家にとりつかれていて」――次ページに単純な輪郭線で

黄色の家が姿を現す。「色は赤よ、家はハートだから」――別のページに、赤色の家が描かれる。中略。「タイトルは、本とは何か」「版権をいれる」――作者名。「エンドペーパー、たとえばこんなデザイン」――太い波線が二本。

ダミー絵本ができる過程を見ていると、苦手だった美術の世界への垣根が低くなるのを感じた。ベラ・ウィリアムズはこのとき七十二歳。踊るように歩く小柄な身体には、エネルギーと茶目っけも感じられた。

このときを境に、ウィリアムズが絵本作家であることを意識するようになった。ボストングローブ・ホーンブック賞フィクション部門を受賞した『スクーターでジャンプ』がたくさんのイラストに彩られていたのも、絵本が本職なら当然だったわけだ。

屋内をのぞきこむ少女

絵本作家としてのウィリアムズの代表作は、ボストングローブ・ホーンブック賞絵本部門を受賞し、コールデコット賞オナーブックになった『かあさんのいす』で、祖母、母、少女ローザからなるヒスパニック系の一家が、火事という不幸に見舞われた後、心を合わせ、一家にとって少しだけ贅沢なソファーを獲得する話である。

ウィリアムズの子ども時代にもイスをめぐる苦い思い出がある。母親がローンで緑色のソファーを買ったため、お金のやりくりに気をもむ時期が続き、ソファーが恨めしかったそうなのだ。エズラ・ジャック・キーツの『ピーターのいす』もイスを題材とし、スラム街で暮らすアフリカン・アメリカンの子どもの日常を描いていた。ウィリアムズの両親はロシアとポーランドからの移民だが、ひそかに先輩作品を意識し、かつそれに対抗して、ヒスパニック系の少女のイスをめぐる日常の話にしたのかもしれない。

表紙は、青を基調としたダイナー（簡易食堂）が画面を支配しているが、中央下でドアから中をのぞいている少女の後姿がアクセントとなり、そこに目が引きつけられる。少女は、ダイナーで働く母親に合図しており、わたしも少女につられて中へはいりたい気持ちになり、ごく自然と物語世界に引き込まれる。「子どもらしい」絵は、語

り手が子どもであることにふさわしく、物語のもつ現実感を補強する効果がある。

大人が描く子ども

ところで、絵が「子どもらしい」とはどういうことだろう？　表紙を例にとると、のっぺりした母親の顔や横向きの男性の顔の描き方は素朴で、子どもが描いたように見える。だが、ローザの姿の配置や配色、画面下のほぼ対称の位置に小鳥たちが同数いることから、効果を計算した大人の絵であるとわかる。家が火事だと知らされ、ローズの手をひっぱる母親の姿と家を指し示すおばの姿を描いたページでは、切迫感がうまく表現されている。別のページでは、透明感の表現が難しいガラス瓶のクローズアップが、画家の腕の良さを示している。

もうひとつ印象的なのが、絵本の要となるソファーの描写だろう。四枚目の見開きに、ローザたちがお金をためて買おうとしている「バラのもようがついたビロード」のソファーが登場している。ウェイトレスの母親が稼ぎ手となる暮らしが楽なはずはない。だが、火事という不幸な事件のことも、また生活の厳しさも、ソファーのイメージが影を薄くしている。一家が念願のソファーを手に入れた後の場面（上図）を見てほしい。まどろむローザを膝に抱く赤い服の母。その母を同色のソファーがすっぽりと包みこみ、母とソファーとが一体化して見える。ほかのページを見る限り、ローザの母はほっそりした女性のようだが、ここでは量感のあるソファーとともに、その存在感の大きさが際立っている。物語中のハイライトといえる場面であろう。

この絵本のもうひとつの特徴はページごとにデザインの異なる額縁があることだ。枠をつけるときその外側は余白にして中の絵を引き立たせるのが普通だ。でもこの作品では余白ぬきで見開き画面の四方を額縁が囲んでいる。これにはどんな意味があるのだろう?

額縁の意味

評論家のニコライェーバとスコットは、枠は絵と読者の間に距離感をもたらす強力な装置だといい、ポターの『グロースターの仕たて屋』(一九〇三)を例にとって、時間的な距離感が生じていると述べている。それにならえば、ウィリアムズも過去の話であることを暗示する狙いで額縁を使ったのだろう。だが、それだけではない。ウィリアムズは子どもの頃の自分が父に肩入れし、母の地位と力を弱める態度をとっていたことを後悔したという。そこで過去の苦いエピソードを楽しい話に描きかえることで、母の思い出を美しくしようとしたのである。バラ色のソファーを囲むバラ色の額縁は、幸福感を強めるものといえそうだ。

額縁の色使いは見開きページごとに異なっているが、本全体に統一感をもたらしている。額縁内の模様も多彩で、小さな茶器やバラなどのモティーフが反復されているかと思えば、図形や線だけのところもある。ある評者は、あたかも包装紙に絵を描いたような、「手作りの効果」があると指摘した。だが、ウィリアムズがアート自体にこだわりをもっていることを考慮すると、日常生活のなかにミニ美術館を出現させる狙いを感じる。事実、冒頭に述べたセミナーでも、ウィリアムズは最後に、線を重ねるだけのやり方で楽しそうに額縁を描いていた。どんなに生活が貧しくても、日々の暮らしに美を加えることはたやすい、それが額縁つき絵本の狙いではないだろうか。

ベラ・ウィリアムズ(一九二七—)はアメリカのカリフォルニア州生まれ。教育と芸術活動ができる多人種のコミュニティづくりに力をいれてきた。作品数は少ないが、人気があり、評価も高い。今でも若々しい感性をもつ情熱的なアーティストである。

『わすれられないおくりもの』

スーザン・バーレイ作／絵，小川仁央訳

竹内美紀

子どもに死をどう説明するか

評論社，1986年（原書，1984年）

明るい絵と対照的なテーマ

スーザン・バーレイは、やさしいパステルカラーと愛らしい動物たちの絵が人気のイラストレーターである。繊細なペン画をベースにした水彩とたっぷりの余白。代表作『わすれられないおくりもの』の舞台も、豊かな自然に囲まれた動物たちのユートピアである。しかし、だまされてはいけない。この作品が扱うのは、明るい画風とはむしろ対照的な、死という重いテーマである。もちろん死を扱った絵本は少なくないが、これほどはっき

りとした言葉で死を語る絵本はめずらしい。子どもたちに手渡す前に、この絵本が死をどう語っているのか、わたしの個人的体験もまじえながら考えてみたい。

子どもは死をどう受けとめるのか

癌闘病中の父の容体を耳にして、わたしの頭をよぎったのは、まだ四歳の息子のことだった。初めて体験する身近な死をどう説明すればよいのだろう。息子が初めてこの本を本棚から見つけてきたのは、ちょうどそんなときだった。一読してやると、息子が言った。

「アナグマさんは遠くに行って、もう帰ってこないの?」

絵本では、年をとって体が不自由になったアナグマが、ある晩「長いトンネルのむこうに行くよ　さようなら」と書き残してこの世を去る。とっさのことで、ついわたしは、命あるものはすべて死が避けられないこと。アナグマも同様で、年をとった以上仕方がないというようなことを口にしていた。すると、

「おじいちゃんも死んだら、いなくなっちゃうの?」

さらに顔をこわばらせた子どもが重ねて聞いた。急激にやせた祖父の姿を思い出したのだろうか。わたしは言葉を失い、この本はしばらく本棚に眠ったままとなった。

父の一周忌を終えたころ、息子がひさしぶりにこの本をひっぱり出してきた。何度か繰り返し読んだが、あるとき、最終ページで(図一二〇ページ)、子どもがおもしろい反応を示した。

友人の動物たちは、最初アナグマの死を悲しむが、そのうちにアナグマの思い出を語り合うようになる。やさしく思慮深いアナグマは、みんなに対し、それぞれの宝物になるような知恵を授けてくれていた。アナグマの贈り物で温かな気持ちになった動物たちは、いつしかアナグマを失った悲しみを乗り越えていく。モグラはアナグマの存在を身近に感じ、死んでしまったアナグマにお礼を言おうと空に向かって叫ぶ。その場面の文章は「きっとアナグマに聞こえたに違いありません」とある。息子は、その言葉に答えるように大きくうなずくと、「聞こえたよ」と

つぶやいた。思わずわたしが、「どうして聞こえたと思うの？」と聞くと、「アナグマさんは、お空でいつも見守ってくれてるの」と答えた。

たしかに作品の最初のほうで、こう語られている。「アナグマは、死ぬことをおそれてはいません。死んで、からだがなくなっても、心は残ることを、知っていたからです。」息子の言葉は、彼がモグラに共感し、見えないはずのアナグマの存在をたしかに感じたことを物語っている。死んだら遠くに行ってしまうのではなく、体がなくなっても心は残る。この絵本が語る死が信じられるようになったからこそ、子どもは、穏やかな気持ちでこの話を聞けるようになったのだ。

死を受けとめるための三つの時間

それにしても、この絵本の語る死が子どもに対して説得力を持つのはなぜだろう。繰り返し読むうちに心にしみてくるのは、この作品に流れる時間である。この作品には、悲しみを癒してくれる時間の優しさが重層的に描かれている。それを三つに読み解いてみよう。

一つ目は、思い出の中の時間。悲しみにくれながら、動物たちはそれぞれが大切にしているアナグマの思い出を語り合う。モグラはハサミの使い方、カエルはスケート、キツネはネクタイの結び方、ウサギは料理。絵本のページをめくるたびに、生き生きとしたアナグマの姿が再現される。思い出すたびいつも、アナグマの心はそこにある。

心は残っているとたしかに信じられる。

二つ目は、世代交代の時間。アナグマが生きた証は、思い出の中だけでなく、それぞれの体の中に知恵や技術として残っている。子どものころ、アナグマからネクタイの結び方を習ったキツネは、今ではネクタイ結びの名手となり、今度はアナグマの子どもにそのやり方を教える。こうして生命のバトンが手渡されていく。しかもその時間の流れが、見開きの左右に対照的に描かれている。たとえば、半ズボンをはくあどけない子ギツネと、ネクタイを結んだりりしい大人のキツネ。その対比の中に、キツネの確かな成長と、それに貢献したアナグマの生が見える。

三つ目は、循環する自然の時間。人はよく大切な人の死をもって、「あの日以来、私の心の時計は止まってしまった」という表現をする。しかしどんなことがあろうとも、自然の時計は止まらない。アナグマは、晩秋に逝く。雪に閉ざされる冬は、不毛の象徴のようでありながら、ひそかに次の季節の準備をしている。地表では待雪草が花をつけ、地面の下では動物たちが肩をよせあってアナグマを思い出し、心の再生が準備されている。季節がめぐるように、死と再生は繰り返される。文章では悲しみで時間が止まったように感じられるが、絵には循環する自然の時間がしっかり表現されている。

絵本作家と呼びたくなる一冊

このように、バーレイは、ページをめくるという作業、左右の見開きの対照、そして絵と文章の異なる語りといった絵本独自の表現方法を生かして、悲しみを乗り越えさせるための三つの時間を描ききった。『わすれられないおくりもの』はバーレイ自身が文章も書いた唯一の作品であるが、この作品の存在感は、これ一冊だけでバーレイを絵本画家とだけでなく絵本作家と呼びたい気にさせる。

スーザン・バーレイ（一九六一―　）は、イギリスのブラックプール出身。『わすれられないおくりもの』でデビューし、マザーグース賞などの各賞を受賞した。その他イラストを担当した作品は、『アナグマのもちよりパーティ』（ハーウィン・オラム文）などの「アナグマ」シリーズや「スミレひめ」シリーズなど多数。

『神の道化師』

トミー・デ・パオラ作，ゆあさふみえ訳

成瀬俊一

聖なる放浪者

ほるぷ出版，1980年（原書，1978年）

天衣無縫の人

この絵本は、一人の男の生涯をまるごと描いている。彼は経済的に成功したわけでも、歴史を動かすような偉業を成し遂げたわけでもない。その人生は物乞いに始まり、物乞いに終わる。老いては人々に蔑まれ、貧しさの中で孤独な死を迎える。にもかかわらず、その一生は清々しい輝きを放っている。悲壮感よりも希望を与えてくれる不思議な物語だ。いったい何が、こんなにも強く訴えかけてくるのだろう？

舞台はルネッサンス期のイタリア、主人公はソレントに暮らす物乞いのジョバンニ少年。ある日、お手玉の芸を買われて、道化師として旅芸人の一座に加わる。ジョバンニの十八番は「空にかがやくお日さま」——色とりどりの六個の玉をア

ーチ状に投げて虹を作り、その上に金色の玉を投げ上げる大技だ。やがて大人になると独り立ちして、得意の技で一世を風靡する。だがけっして人気を鼻にかけたりはせず、ひたすら芸の道に生きる。

ジョバンニのいしょうは　前よりいいものになりました。でも、道化のけしょうだけはいつもかわりませんでした。……どんなにえらい人の前でも、ジョバンニの芸は、ふだんと　かわることがありませんでした。

傲りからも媚びからも解放された自由な人生。観衆に囲まれた絶頂期のジョバンニが両腕を大きく広げて芸をする。その姿は、道化服の腕下につけられた飾りひだとあいまって、まるで羽ばたく鳥のようだ。

才能とは何か？

この物語は、ジョバンニの天衣無縫な生き方に、彼が考えている以上の意味があるという洞察を加えている。

町から町への旅の道中、ジョバンニは二人の修道士に出会い、いっしょに木陰で食事をとる。一人の修道士が言う、「わたしたちの教会をつくりたもうた　聖フランシスさまは、あらゆるものは　神さまの栄光を　ほめたたえていると　おっしゃっています。あなたの芸だって、そうなのですよ。」ジョバンニが答える、「そりゃ、あんたがたのようなおかたにとっちゃ　そのとおりでしょうが、わたしは　ただ、お客さんがたに　わらって　はくしゅしていただくために、やってるだけでさ。」すると修道士たちは口をそろえて言う、「あなたが　人びとにしあわせをあたえるなら、それは　神さまをほめたたえているのと　おなじことです。」

修道士たちは、持って生まれた才能を精一杯活かすという単純素朴な生き方を、最高の敬意を込めて肯定する。神はそのような生き方をするものとして人間を創り、才能を授けたと信じているからだ。ジョバンニは修道士たちの言葉を笑って聞き流す。だが生涯の終わりに、一つの奇跡によって、修道士たちの言葉が成就することになる。

最も尊い捧げ物

ジョバンニの芸は、長い間人気を集めてきたものの、年老いるとともに飽きられ、誰も見向きもしなくなる（幸せだった若い頃には背景の空が白抜きだったのが、年老いて落ちぶれると、

ジョバンニという，ちいさな男の子がすんでいました。ジョバンニには，おとうさんもおかあさんもいませんでした。
いつも　ボロボロのふくをきて　あちこちでパンをめぐんでもらい，よるは　そのあたりのうちの　とぐちでねるのでした。
それでも　ジョバンニはしあわせ。
それというのも　ジョバンニは　すばらしいわざをもっていたからです。
ジョバンニは　なんでも　空中になげあげて，お手玉のようにくるくる，じょうずにまわすことができました。
まい日　ジョバンニは，やさいやくだものをうるバプチスタさんのみせへいき，とくいのわざをみせました。

上空にくすんだ影がさすのは象徴的だ）。廃業し、物乞いをしながら故郷ソレントに帰ると、町中の人々がクリスマスを祝うために教会に集まっている。群衆がみな帰った後、ジョバンニは聖母マリアに抱かれた御子キリストの像の前に立つ。

たくさんの贈り物が捧げられているのに、御子の顔は悲しそうに見える。ジョバンニは、自分も贈り物をして御子を喜ばせたいと思い、得意の芸を捧げることにする。それはかつてない見事な出来となるが、ジョバンニの年老いた心臓は興奮のあまり止まってしまう。床の上で息絶えている道化師に気づいて駆け寄る神父と修道士。ふと見上げると、金色のお手玉を手にした御子の像がやさしく微笑んでいる。

ジョバンニの捧げ物は、新約聖書のあるエピソードを思い出させる。大勢の金持ちが神殿の賽銭箱に大金を投げ込んでいる中、貧しいやもめがレプタ銅貨二枚を捧げる。それを見たキリストは彼女を称えて言う、「この貧しいやもめは、賽銭箱に入れている人の中で、だれよりもたくさん入れた。皆は有り余る中から入れたが、この人は、乏しい中から自分の持っている物をすべて、生活費を全部入れたからである。」

鳥は歌い、花は香り、道化師は笑わせる……。貧しいジョバンニは、そのとき捧げることが出来る最も尊い贈り物を捧げ、この世のいかなる栄誉をもしのぐ最高の栄誉、神の称賛を受ける。ジョバンニの人生は、私たちが日々おこなっているささやかな仕事が祝福されていることを教え、勇気づけてくれる。

トミー・デ・パオラ（一九三四―　）は、民話の再話と民話風の物語で本領を発揮する絵本作家だ。『神の道化師』は、フランスの古い民話の再話であるという。もともとことばのみで作られて完成している物語を、視覚的なドラマとして再現するために、デ・パオラは画面構成に工夫を凝らしている。

時間と空間を切り取る

ほとんどの場面で、ジョバンニは、お手玉の芸のために設置された舞台の上か、あるいは建物のアーチや樹木で縁取られた舞台のような空間に立っている。このような画面構成によって、まるで劇のように場面を切り替え、少年期から老年期に至る長い時間の流れを手際よくまとめている。さらには、人間の一生そのものが、究極的には神を観客とするひとつの舞台かもしれないとすら、思わせてくれる。

舞台的な画面構成をとらない唯一のページは、ジョバンニがソレントに帰郷して、聖フランシスコ教会にたどり着く場面だ。見開きいっぱいに曇った夜空と黒い丘が広がり、ぼろをまとった小さな老道化師が、丘の上に厳かにそびえる教会に向かって歩いてゆく。物語世界が舞台の「外」に出てきたかのような、あるいは夢から覚めて現実に帰ってきたかのような解放感がただよう。こうして、ジョバンニが人に仕える道化師という古い枠組みを出て、神に仕える道化師という新しい枠組みに入ってゆく転換点を、鮮やかに印象づけている。

『ちいさいおうち』

バージニア・リー・バートン文／絵，石井桃子訳

野村羊子

時の流れの中で自然と家族を謳う

岩波書店，1954年／1965年大型版（原書，1942年）

百年の時を十ページで見せる

『ちいさいおうち』は、文字通り田舎の小さな丘の上に丈夫に建てられたちいさい家。太陽がめぐり、月と星がめぐり、季節がめぐる中、そこに住まう家族とともに幸せに暮らしていた。ところが、馬の引かない車がやってきたかと思うと、道路工事が始まった。丘を削って大きな道が通り、次第に同じ形の家が建ち並ぶ。それが四階建てのビルに建て替わる頃には、ちいさいおうちに住む人はいなくなった。路面電車が目の前を走り、高

架鉄道や地下鉄も走るようになり、ちいさいおうちの両側には高層ビルが建つ。ビルの谷間でみすぼらしくなったちいさいおうちを、建てた人の孫の孫のそのまた孫が見つけ、ふさわしい場所へ移築されることになる。広い野原の真ん中の小さな丘の上に移されたちいさいおうちには、また人が住むようになり、田舎の静けさを味わえるようになった。

文字配列をもデザインする

作者は、画面の構図、色使いなどにとても神経を使ってこの絵本を描いている。時の流れを太陽の移動、月の満ち欠け、四季折々の自然によって丁寧に見せる。また導入部分では、ページをめくる度にちいさいおうちの周囲を次第に広げてみせていく。最初は丘の上のおうちと家族のみが描かれる。次に丘の周囲を流れる川と、隣の納屋まで。次の夜の場面で、ちいさいおうちが建つ田舎の風景全体。それは楕円曲線を螺旋のように重ねた構図で、柔らかさ、穏やかさを表している。また、文字列を曲線に沿わせて並べることで、デザイン的な効果を与えている。色は緑を主体に、四季の変化も印象づけている。

　一方「街」は直線で表現される。まるい丘をまっすぐ切り取って走る道路。画面の奥から、茶色の同じ形の家や四角いビルが建ち並び、空は黒いスモッグで覆われ出す。更に高層の黒いビルが奥から、手前へと進出してくる。そして右ページだけに描かれていた絵は、左ページへとどんどんとその領域を広げ、大きさを実感させる。ちいさいおうちの地所は次第に小さくなり、高層ビルはその壁に接して建つ。この場面の文字の並びはジグザグしていて、なめらかさはない。小さく描かれる街の人々は前のめりで歩き、車も筋を引いて走るなど、スピードが強調される。

その次の、ちいさいおうちの引っ越しの場面では、一転して、人も車もその動きを止めて見ている。動いているのはちいさいおうちを曳くトレーラーと家族という引っ越しの一行だけ。田舎で引っ越し先を探しあてた場面での文字の配列は、通ってきた道と同じようにぐるぐるうねっている。そして次の場面は、最初と同じ構図へと戻っていって、円環を描いて時が流れるのを感じさせる。

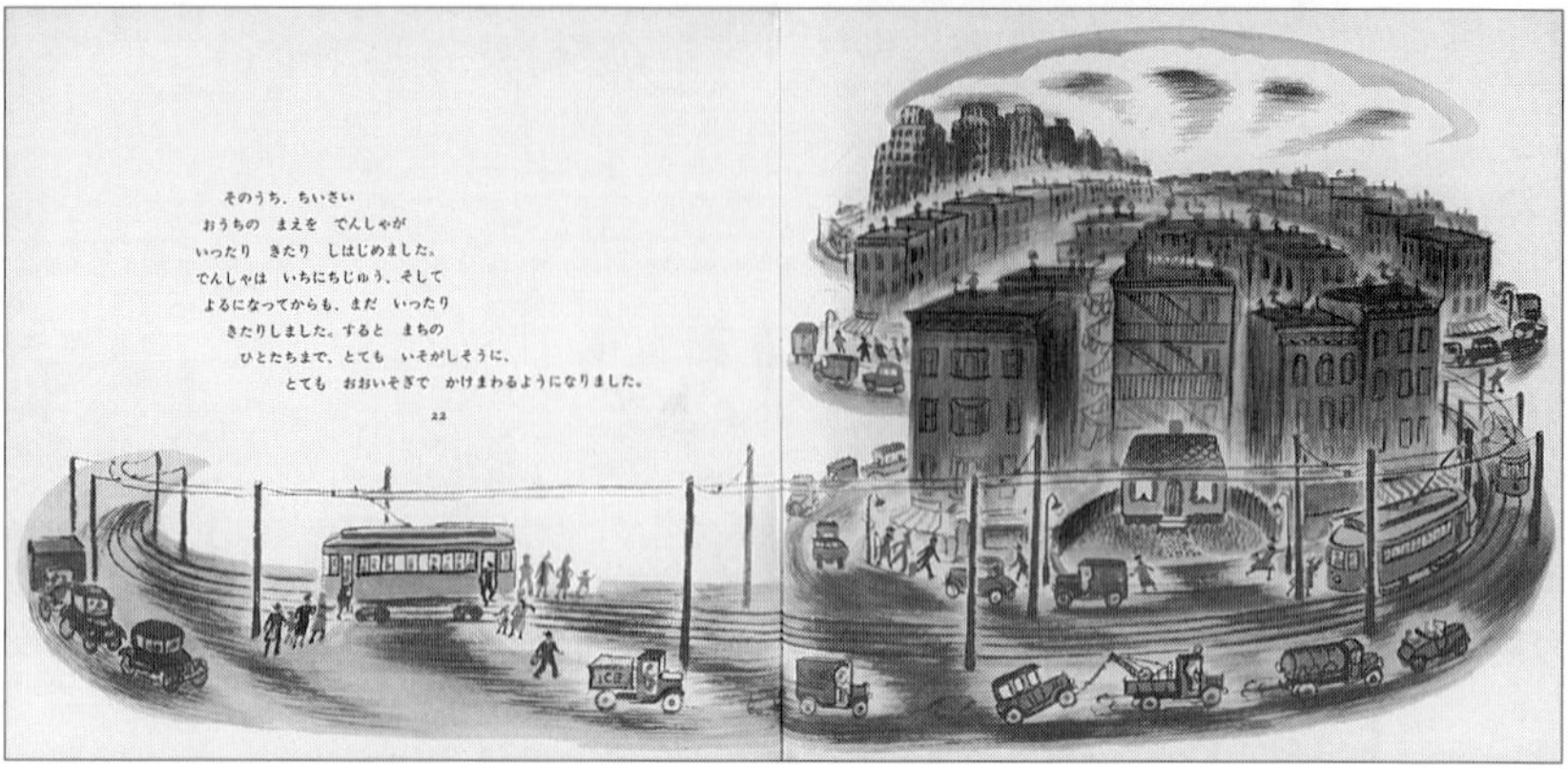

記憶に残るロングセラー

『ちいさいおうち』が出版されてから、六十余年、日本で翻訳出版されてからも五十年以上が過ぎている。しかし、この絵本は未だに読み継がれているロングセラーのひとつである。そのテーマは古びることなく、今の時代にも読者に感動のひとしずくを与え続けている。

物語としては、非常にシンプルで、ドラマチックなできごとも、冒険もない。しかし、読み終わったときに穏やかな満足感、静かな感動を味わうことができる。自然の息づかいの中で家族と共に生活することそのものが幸せなのだという実感が伝わってくる。

私は子どもの頃にこの絵本に出会い、繰り返し読んだ記憶がある。田舎の場面を眺め、そこに描かれた家族一人ひとりの暮らしを想像しては幸せな気分を味わっていた。

その田舎での幸せな場面には、作者の家族が描き込まれている。最初の場面にいるヒゲの男性はバートンの夫。最後の場面で、スケッチしている女性はバートン自身。りんごの木にぶら下がっているブランコは、バートンの子どもたちのお気に入り。その他にも親族や友人が描き込まれているという。彼女の家族への思いが溢れんばかりに詰め込まれ、読者はそれを感じ取る。それこそがこの絵本を、記憶に残るロングセラーにしたのだろう。

同じバートンの作品『せいめいのれきし』や『はたらきもののじょせつしゃけいてぃー』も、私が子ども時代に繰り返し読んだ絵本の一冊である。

時代の制約による翻訳

一方で、最初に翻訳された「岩波の子どもの本」版と、改訂されたものとを読み比べると、大きな違いに気づく。そもそも、「岩波の子どもの本」シリーズは、縦書き・右開きで、原書のサイズに関わらず同じ版型に統一されている。従って、ほとんどの絵は反転され、レイアウトも変更されている。一九五〇年代に海外の絵本を翻訳出版する試み自体が、実験的なものであり、普及価格での販売を考えればいたしかたないところだろう。しかし、子どもの頃、これに出会ったのみで、原書サイズの大型絵本や、横書きに改められた改訂版を見ていないとすれば、非常にもったいないことだと思う。作者の意図するデザイン・構図、それこそがバートンの真骨頂なのに、それがすっかり変えられているものしか知らないのだから。そのような方はぜひ、現在出版されている大型絵本を手にとって欲しい。感動がさらに深く伝わってくるはずだから。

自然と家族を愛する芸術家

ヴァージニア・リー・バートンは、一九〇九年にアメリカで生まれた。父は工科大学の学部長、母は多彩な芸術家だった。モンテッソーリ教育を受け、ダンスや音楽への愛を育む環境で育ち、十一歳のとき、母に連れられ西海岸の芸術家の町に移住。ここで、演劇やダンスを学ぶ。高校卒業後、ダンスを習う傍ら、美術を学んだ。その後、ダンサーの夢をあきらめ、父の世話をするためボストンに戻る。そこで美術教師をしていた彫刻家のデメトリアスと出会い結婚する。その後は、二人の子を育て、農作業と家事をこなし、ファブリックのデザイナーズ・グループを教え率い、デザインと絵本の仕事をこなした。五十九歳でガンに冒され亡くなった。彼女は、七冊の絵本と六冊の挿し絵しか残していないが、その自然と家族への熱い思いは今もその作品を通して私たちに伝わってくる。

『ゆうびんやのくまさん』

フィービとセルビ・ウォージントン作／絵，まさきるりこ訳

灰島かり

シンプルという魅力

福音館書店，1987年（原書，1981年）

静かな絵本への静かな支持

それはそれは単純で、単純なゆえに力のあるこの絵本は、静かだが長い人気を保っている。賞賛や解説の声が高々とあがったのを見たことはないが、そこがまた静かなこの絵本に似合っている。

主人公のくまさんはテディベア（ぬいぐるみのくまなのだが、残念ながら日本語の「くまさん」では、ぬいぐるみであることがわかりにくい）で、胴体に手足が差しこまれていることがわかる。合計七冊（邦訳五冊）あるシリーズのなかで、

くまさんは、一冊ごとに職業が変わる。「パンや」「うえきや」「せきたんや」などの仕事が、朝から晩までの働く一日として、シンプルにおだやかに描かれている。くまさんの回りにいるのはふつうの人間で、くまさんだけがぬいぐるみ、というのは、よく考えてみるといささか風変わりだが、この絵本の魅力はいったいどこにあるのだろう。シリーズはすべて、よく似ているので、シリーズ全体について、書くことにしよう。

ポイントは四つあると思う。

ゆるぎない世界

その一は、ゆるぎない世界がゆったりと広がっていること。描かれているのは、時間軸にそった行動だ。朝起きて、ごはんを食べて、仕事に出かけて、帰ってきて夕食を食べて、寝る……、明日も、またあっても、くり返されるに違いない毎日が、そこにある。そして背景となっているのは、英国の小さな町、という秩序だった世界。このゆるぎのなさに安心して、私たちはゆっくりとページをめくることができる。私たちは安心するのが好きなのだ。

その二は、主人公のくまさんが、ひたすら働いていること。くまさんの仕事は、単純労働だから、どうしたって「ひたすら働く」というイメージになる。そして私たちは、だれかが「ひたすら働く」姿を見るのが好きなのだ。単純な仕事は、それを見る者を安心させてくれる。仕事は、人を傷つけないし、恐がらせないし、うらやましがらせることもない。

ごっこ遊びの世界

その三は、繰りひろげられているのが、ごっこ遊びに近いこと。人間の暮らしにくまのぬいぐるみが加わって、様々な仕事を見せてくれること、それは子どもが大人の世界をまねて、ごっこ遊びをすることと似ている。

子どものするごっこ遊びは、たいていは大人の職業のまねなのだ。お店屋さんごっこはもちろん、学校ごっこ、電車ごっこ、泥棒ごっこでさえ、泥棒という職業（?）のまねだった。例えばラーメン屋さんごっこで「ラーメン

くださ い」「はい、できました」「ちがうよ。イッチョ アリ（一丁上がり）、って言わなくちゃいけないんだよ。だって、おじさんはいっつもそう言うもん」と一人が注意すると、ラーメン屋役の子どもは、あわてて訂正したものだ。「はい、イッチョ アリ」（どうして蟻《アリ》なんだろう？ とは疑問に思うけれど、追求などしているひまはない、本物のおじさんと同じであることが、とても重要なのだ）。

それにしても、なぜ大人のまねをするのが、あれほど楽しかったのだろう。ラーメンを作るまねをして、食べるまねをする、たったそれだけのことだが、でもごっこ遊びは、むさぼってもむさぼっても足りないほど、楽しかった。

小さな原っぱの草の匂い、真昼の太陽のほこりっぽい光、友だちがうつむいたときの首すじのうぶげ、そういう外側の細部はありありと思い出すことができる。ところがラーメン屋さんごっこで、ラーメンを食べるまねをしたとき、子どもの心に何が映っていたか、それはもう思い出すことができない。もしかしたら、ウォージントンが描いた世界は、忘れてしまったあの楽しさを、思い出させてくれるのかもしれない。私たちは思い出すのが好きなのだろう。大人は昔を、子どもはさっきまでしていたことを、と時間の長さだけが違うけれど。

最後に、この絵本にはリアルな会話がないかわりに、楽しい音が聞こえることをあげておこう。

楽しい音

ごっこ遊びでは、まないたを使う「トントントン」や、何かを磨く「キュッキュッキュッ」。切符をきる「パチン」、バスの動く「ブッブー」など、口で出す音の数々は、とても重要な働きをしていた。くまさんシリーズには、ゆうびんやのくまさんがスタンプを押すバン、バン、バンはじめ、印象的なオノマトペと、それからくまさんがお金を数える、ひとつ、ふたつ、みっつというきちょうめんな音がある。口で出す音は、見聞きするだけで参加していない大人の世界へのオマージュであるのかもしれない。

英国の英国らしさ

ウォージントンの描いた風景は、とても英国らしいのだが、なかでも英国らしいのは、だれもテディベアが働いていることを奇異に思わないところではないだろうか。クマが働いていてえらい、とか、クマが働いているのはヘンだ、とか言う者は、だれもいない。英国滞在中、風変わりな人や物事をことさらあげつらわないどころか、視線も向けない英国人に驚くことが多かったが、これぞ成熟した大人の国というところか。

一枚一枚の絵はじっくりとあじわいたい美しさや楽しさに満ちているのだが、一冊通して見ると、奇妙な哀感がまじる。それは思い出のなかにしか存在しない風景を思い起こさせるからかもしれない。

作者のフィービ・ウォージントンは、一九一〇年に英国北部のランカンシャーに生まれた。二十歳から長らく秘書として働いた後に、三十七歳で幼稚園教諭となる。その翌年、弟のセルビの文に絵を描いて、シリーズ第一作の『せきたんやのくまさん』を出版。その後おそい結婚をしたため、第二作の『パンやのくまさん』を出すまでに、間が三十年もあいている。シリーズ後半の作品は、妹のジョーンとの共作。堅実な生活を営んだ人らしいきまじめさが、彼女の絵本を、あじわい深いものにしている。

『おじいちゃん』

ジョン・バーニンガム作，谷川俊太郎訳

笹本　純

絵本によって人の死を描く

ほるぷ出版，1985年（原書，1984年）

人の死を描く絵本

『おじいちゃん』では，子どもと老人の交流が描かれる。登場人物は，幼い女の子と彼女のおじいちゃんの二人だけ。どういう事情があるかは説明されないが，二人は，春先から冬までの季節の推移の中，おじいちゃんの家や庭先，また海辺や，川に浮かべたボート，近郊の丘などを舞台に，ままごとやコーラス，読書，砂遊び，縄跳び，釣りやそり遊びなどをして，ともに過ごす時間を持つ。考え方や感覚のくい違い，反目なども時に含みつつ、そこには愛情豊かな心のかよい合いがあった。だが、それも長くは続かず、終わりがくる。おじいちゃんが亡くなるのだ。

おじいちゃんの死そのものや、それに伴う少女の嘆きや悲しみ、さらにそこからの回復などについて、この絵本は詳しく語らず明瞭には示さない。抑制された寡黙な表現で、わずかに暗示するだけである。死は、さり気なく当然のようにそこに置かれ、そのまま物語は完了する。その結果、様々なエピソードを連ねて描かれた二人の交際ぶりの一つ一つが、かけがえのない貴重なものとして、改めて読者の心に迫ってくる。そんな風につくられたのが、この絵本なのだ。

死を扱うための表現構造

この絵本が感動的なのは、人の死という、絵本の領域ではあまり見られないテーマを正面から取り上げた上で、それについての「真実」を、決して重苦しくない親しみやすい表現のうちに的確に描き出しているからだろう。

死というのは、生きられた時間との対比によって受けとめられるものだ。身近な者の死に接して私たちが体験する喪失感、痛切な悲しみは、過去の一とき一ときが二度と帰らないという認識と重なっている。私たちが生の営みの貴重さを知るのは、それを振り返る時であり、現に生きている時には気づかない。死は、そうした振り返りの機会として最も大きい。私たちは、生の意味など思うことなく、ただ生き、死と接する時に初めて、そのかけがえの無さを知るのである。

『おじいちゃん』は、私たちにとっての生や死のあり様を、そのまま反映させた表現構造を持っている。これを読む私たちは、こまごまと語られた二人の交際の色々を、順に眺めていく。この時、生に死が現れることを予見する者はいない。だから、見慣れた緑色の椅子が突然切実な事態のシンボルとして示されるのに接し、強いショックを受ける。そして、これまで見てきたものをもう一度見直し、そこに前とは違った意味合いを見出す様導かれる。

この本は二度読まれる様にできているのだ。『おじいちゃん』を読む体験は、私たちが現実世界で出会う生や死に関わる体験と同じ構造になっている。だからこそ、私たちはこの本に動かされるのである。

テーマに即した表現

画面展開の点からこの絵本を見ると、見開き二ページの一画面で一シーンを表し、それを反復するという方式が採られているのが分かる。ページをめくるごとにシーンが変わるので、画面相互の連続性は弱く、出来事の経緯を物語るというより、色々なシーンをコレクションした風に見える。個々の画面は時々の状況を切り取ったスナップ写真の様であり、それを集めた本全体は、思い出の詰まったアルバムの様である。こうした点にも、観照的に捉えた生の姿を描くというテーマに即した表現上の工夫が窺えるだろう。

各々の画面は、その大方が、数行の文と、二種類の異なったタイプの絵とで構成されている。文は説明を含まず、作中人物のセリフだけが前後の文脈から切り離された形で示される。二種の絵のうち、右ページに配される着彩画はその場の状況を表すが、左ページの単色スケッチ風の方は、想像上の情景や過去や未来の様相など、異空間を表現していて、それが何かの説明は無い。こうした画面の様相は、説明抜きで状況を提示し、解釈や意味付けは読者にゆだねるという表現姿勢を示している。これもまた、人生の諸相に直に向き合うことを求める、この絵本のあり方に結びつくものだろう。

作者とその仕事

作者のジョン・バーニンガムは、一九三六年生まれ。一九六〇年代より今日まで四十冊ほどの絵本を出していて、その多くが名作、話題作である。『おじいちゃん』は特に評価が高く、後にアニメ化もされた。

バーニンガムの本で扱われるテーマや内容は幅広く多様だ。初期の仕事（『ボルカ——はねなしガチョウのぼうけん』など）は動物の主人公が活躍するお話絵本。『はるなつあきふゆ』や二冊のガンピーさんもの（『ガンピーさんのふなあそび』『ガンピーさんのドライブ』）では、自然の豊かさ、それとの交流の楽しさが描かれる。二冊のシャーリーもの（『なみにきをつけて、シャーリー』『もうおふろからあがったら、シャーリー』）や『いつもちこくのおとこのこ——ジョン・パトリック・ノーマン・マクヘネシー』『アルド・わたしだけのひみつのともだち』などでは、親や学校との関わりの中で子どもが抱える痛みや孤独、反抗心を見据え、最近の『地球というすてきな星』などでは現代文明のあり方を告発している。幼児向け絵本やＡＢＣ絵本の傑作もある。

絵本としての表現形式の面でも、絶えず斬新なチャレンジを試みるのがバーニンガムの特長である。折り込み紙面を活かした大画面、異なる技法の絵の混在、左右のページの働かせ方の分離、言葉や絵の反復効果の活用、セリフのみによる話の進行、写真画像の導入、など。彼の仕事は、絵本というメディアの特性に注目し、それを積極的に活かした創造的表現を追求するという姿勢に貫かれている。それが後の世代の作家たちに与えた影響も多大で、絵本表現史の中でもバーニンガムという名前はとても大きい。

『悲しい本』

マイケル・ローゼン作，クエンティン・ブレイク絵，谷川俊太郎訳

甲斐淳子

暗闇を照らす一本のロウソク

あかね書房，2004年（原書，2004年）

悲しみは　どこからくるのか

『悲しい本』はその発売以来、悲しみを癒す大人の絵本として、雑誌やテレビで特集が組まれるほど、各メディアで話題を集めてきた。連日、報道される様々なニュースの中で、突如、悲しみと向き合うことになった人々を目にし、心のどこかに不安を抱えている私たちにとって、このストレートな題名は興味をそそる。喜びや、楽しさ、怒りといった自分の中からふつふつとわき上がってくる感情とは違い、「悲しみ」は、まるで生きもののように、向こうから私たちを見つけてやってくる。表紙に描かれる寂しげな一人の男の姿。彼は、息子の死という深い悲しみを背負わされ、暗くて厚いどんよりとした雨雲の下、行き場のない想いを抱えて足取りも重くさまよっていた。

意外にも、絵本は、目を見ひらき、歯を見せて笑顔をつくる男の姿で始まる。

「これは悲しんでいる私だ。この絵では、幸せそうに見えるかもしれない。じつは悲しいのだが幸せなふりをしているのだ。悲しく見えると、ひとに好かれないのではないかと思ってそうしているのだ。」

人は、ときに、無遠慮な慰めの言葉を受けたくなくて、平然とした顔で、何もなかったかのように悲しみを押さえ込む。防衛本能なのか、悲しみのかたまりを胸に抱え込んだとき、その封じ込めている扉を少しでも開けてしまうと、悲しみに身体全体をのっとられてしまうとでもいうように、なんとか平静をよそおい、苦しまずにやりすごそうとする。だが、シャワーを浴びているとき、通りをふらふらと歩いているとき、その無防備な「私」をねらって、叫びたくなるほどの激しい悲しみの衝動が、容赦なく襲いかかってくるのだ。

突然、おとずれた最愛の息子の死

実際に経験したものでなければ描くことの出来ない「悲しみ」の描写。そこには作者のひりひりとした悲痛の想いが根底に流れている。一九四六年に生まれ、ラジオやテレビの仕事に携わり、絵本『きょうはみんなでクマがりだ』や数多くの陽気でユーモアあふれる詩や絵本を発表し、イギリス国内はもとより、アメリカでも数多くの賞を受賞してきたマイケル・ローゼンに、九九年、突然の不幸が襲いかかる。やんちゃで元気な男の子として、作品の中でも描いてきた最愛の息子エディが、十九歳の誕生日を間近に控え、髄膜炎にかかり、看病する間もなく一晩のうちに亡くなってしまったのだ。

後に、彼はインタビューの中で、この絵本を一つの答えとして書いたと告白している。今までに、二冊の本の中で登場したエディについて、彼の作品を愛読する子どもたちは質問する。「エディは、どうしているの？　今、何歳？」と。ローゼンは、その場しのぎの答えを返したくはなかった。なぜなら、エディは架空の人物ではないのだから。物語の中でも周りを魅了し愛されてきたエディは現実に存在したこと、そして同時に、今はこの世にいないということ、その動かしようのない事実を語ることは、子どもたちへの、また自分自身への答えでもあった。

人が悲しみを乗り越えるには、一つのプロセスがあるという。ショックから起こる現実逃避、そして喪失を認識しだしたことで訪れる無力感、罪悪感、そして怒り。

「ときには、ほんとうに腹がたつ。私はひとりごとを言う、『よくも、そんなふうに死ねたもんだね？　私をここまで悲しませて。』エディはなにも言わない、もうここにはいないから。」

見開きに続いて描かれるエディの八枚のスナップ。産湯につかる赤ちゃんの頃から、ボールを手に持ち原っぱをかける姿、友だちとはしゃぐ青年期へと続くが、最後の一枚は空白で終わり、「私」の喪失感が浮き彫りとなる。エディのいる風景、それが陽気で幸せに満ちていればいるほど、「私」一人の姿が切ない。

絵を担当したクエンティン・ブレイクは一九三二年生まれ。ロアルド・ダールの人気作品の挿し絵を手がけてきたことでも有名だが、『ザガズー』や『みどりの船』など軽やかな語り口でありながら、心に残る多くの絵本を発表しており、本国イギリスで初代子どものための桂冠作家の称号を授かるほど名実ともに絵本の第一人者である。この作品では、絵を目で追うだけで、ローゼンの詩が浮かび上がってくるほど、丁寧に言葉一つ一つに込められた想いを描き、二人の間にある深い共感と信頼関係をうかがわせる。

それでも人生は続いていく

「いろいろなことが、何年か前とは同じではないせいかもしれない。私の家族もそう。何年か前と同じではない。いろいろなことが、前とは同じではなくなったせいで　私の心のどこかに、悲しみがすみついてしまったということなのだ。」

愛するものを失った以上、もはや以前の幸せな世界に戻ることはできない。それでも、残された者は、歩き続けなければならない現実。それは、人生のもつ残酷な一面だ。

「私」は、誕生日が大好きだった。ケーキの上にゆれるロウソクは、生命の証。最愛のものを亡くした人が再生へ向けてたどる最後のプロセス、それは「記念日」に訪れる悲しみに耐えるということだ。「私」は、一本の太いロウソクを前に、頬杖をつく。傍らには、エディのものであろう、写真立てがおかれ、手にはペンを持ち、何かを書こうとしているのか。

「悲しい」のは愛していたから。大切なものをなくした痛みは決して消えることはない。同じく死と別れをテーマにしたスーザン・バーレイの絵本『わすれられないおくりもの』では、自分に注がれた愛情を忘れずに持ち続けることが、悲しみを乗り越える一歩だと描かれている。裏表紙に見る、ロウソクの光から目をそらす「私」の姿は、まだ痛みが癒えてはいないことを物語っているが、エディの象徴であるこの一本のロウソクの光が、暗闇の中で肩を落とし悲しみに沈む彼に、そこから抜け出す道を教えてくれていることは間違いない。癒されるというのは、少しだけ顔を上げ、痛みと向かいあえる力を取り戻すこと、ロウソクを見つめる最後の絵がそう告げているようだ。

コラム④ 絵本を読む楽しみ・読んでもらう楽しみ

依田和子

今から三十年以上前、子どもたちが通っていた幼稚園に図書室があって、毎週木曜日に、すきな絵本を選んで家に持って帰っていた。当時我が家の三人の子どもたちは、まだ字が読めなかった。そこで、借りてきた絵本は、まだ幼稚園に通っていない息子も含めて三人に、私か主人が「読み聞かせ」をしていた。ほとんどが私も主人も知らなかった絵本で、大人の私たちもその楽しさに引き込まれて、子どもたちがどんな絵本を借りてくるのか楽しみにするようになった。子どもたちといっしょに絵本を読んだこの経験がきっかけとなって、私は英米の絵本の世界を探求することになり、やがてたくさんの子どもたちと共に絵本を読む場「なかよし文庫」「かながわこどもひろば」を作ることになった。

二〇〇一年に政府の読書活動推進法が制定されて以来、読書活動推進計画が各自治体で策定され、学校や幼稚園で「読み聞かせ」をする人たちが増えている。それにともない読み聞かせボランティアを養成する講座があちこちで開かれるようになってきている。こうした講座では、学校や幼稚園での読み聞かせに向く絵本が紹介され、技術指導（？）も行われているようであるが、残念ながら促成栽培ともいえる講座も少なくない。読み手がじっくり時間をかけて自分の好きな絵本を探していって、これはと思う絵本に出会って初めて子どもの前で読むというのが本来の姿だろう。読み聞かせをしたいと思う人はまず、時代を超えて読み継がれてきた絵本を読んで、自分で読む楽しみを発見してほしい。

子ども（と大人）に支持され続けてきた絵本の名作を十冊あげてみよう。『もりのなか』『いたずらきかんしゃちゅうちゅう』『三びきのやぎのがらがらどん』『はらぺこあおむし』『ゆきのひ』『アンガスとあひる』『サリーのこけももつみ』『はなをくんくん』『てぶくろ』『あおくんときいろちゃん』。これにセンダックの『かいじゅうたちのいるところ』を加えたい。さらにはハッチンスやアンソニー・ブラウン、バーニンガムなど一九七〇年代以降に活躍しているイギリスの作家の絵本、そして最近では、チェコ生まれでアメリカで活躍しているピーター・シスの絵本など、新しい絵本もたくさん翻訳出版されているので、ぜひ自分のお気に入りを見つけてほしい。

絵本は言葉と絵で構成されているので、読んでもらうほうが、自分で文を読むよりも、絵の細部までじっくり見ることができて、絵本を十分楽しむことができる。読み聞かせをしたいと思う人に次にしてほしいことは、「おはなし会」で子どもたちの側にすわって、絵をみながら、耳でストーリーを聞くという体験だ。すると自分で読んでいた時には気づかなかった絵の細部まで気づくことになって、子どもたちが味わっている「読んでもらう楽しみ」も実感できる。そしてこの体験がその後自分が読み聞かせをする時におおいに役立つことになる。

学校や幼稚園などで「読み聞かせ」をする場合、ほとんどが一クラス単位で実践することになるので、どうしても、輪郭のはっきりした大型の絵本を選びがちである。「うさこちゃん」シリーズなどは、判型は小型であっても、輪郭線が太く、単純な造型なので、人数が多くても、後方にすわった子どもも絵をはっきりとらえることができる。

しかし絵本はもともと大人数に向けて読むことを目的に作られているわけではないので、少数の子どもと共に読んだほうがいい絵本もたくさんある。たとえば、『くんちゃんのだいりょこう』は、描線が細く、遠目があまりきかないので、せいぜい十人ぐらいまでが適当と思われる。細部をじっくり味わったほうがいい絵本の場合は、読み手の人数を増やして、十人前後にグループわけをするという方法もとりいれたい。そうすれば、絵本選びの選択肢も増して、プログラムづくりにも余裕がでてくる。とくに初心者の場合は、少人数を相手にしたほうが、子どもたちの様子を見る余裕もできて、聞き手、読み手共に満足のいく結果が得られるだろう。

プログラムには、子どもたちが参加できる絵本を入れると、子どもたちの集中度が増す。その代表は、なんといっても『おおきなかぶ』。「うんとこしょ、どっこいしょ」というかけごえが繰り返される場面で、子どもたちが声をそろえて参加してくると、物語世界をより楽しめることになる。

今まで幼稚園で大勢の子どもを対象に、また文庫で少人数の子どもと一緒に「読み聞かせ」を続けてきたが、十年ほど前から公共施設の一室で、二十人ほどのスタッフと共に毎週、午前は〇、一歳児と二、三歳児、午後は四歳以上を対象に「おはなし会」をしている。また、二年前からは、プログラムに沿った「おはなし会」の他に、間の二時間を利用した「絵本コーナー」も開いている。スタッフが選んだ絵本二〇〇冊程を低書架に並べて、自由に読んでもらうようにしているのだが、常にスタッフ二、三人がいて、子どもの求めに応じて一緒に読んだり、若いお母さんたちと絵本に関するおしゃべりを楽しんでもいる。このような、一人ひとりの興味と理解力に応じた読み聞かせを、今後もっと大切にしていきたいものである。こういった活動は、戦後すぐから日本各地で生まれ、今なお続いている「文庫」で営々と実践されてきたことでもある。

読み手にとって絵本が、そして読むことが、また聞いてもらうことが楽しみだという思いで読み聞かせをしてほしい。そうすればきっと子どもたちも、あなたといっしょに、あなたの声で読む絵本を楽しんでくれるだろう。

『アンガスとあひる』（マージョリー・フラック作，瀬田貞二訳）福音館書店，1974年 。
『サリーのこけももつみ』（ロバート・マックロスキー作，石井桃子訳）岩波書店，1976年。

V　やさしい気持ちにつつまれて

『3びきのかわいいオオカミ』

ユージーン・トリビザス文，ヘレン・オクセンバリー絵，こだまともこ訳

さくまゆみこ

プッと吹き出すパロディー絵本

冨山房，1994年（原書，1993年）

物語の下敷きは

これはパロディーの絵本である。パロディーというからには、下敷きになった本家の物語がある。この絵本の場合、本家を知らなくても、登場する動物たちの表情や意外な展開をじゅうぶん楽しめるが、知っていればなおさら楽しめる。

本家というのは、だれもが知っているイギリスの昔話「3びきの子ブタ」である。この昔話では、貧しいお母さんブタが、もうおまえたちを養えないからと言って3びきの子ブタを独り立ちさせる。いちばん上の兄貴のブタがわらで家を建てるとオオカミに吹き飛ばされ、二番目が木の枝で家を建てるとまたオオカミに吹き飛ばされるが、末息子のブタが建てたレンガの家だけはオオカミがいくらが

んばっても倒れない。最後は知恵のある末息子が、オオカミを退治する方法を考え出し、煙突から進入したオオカミは火にかけてあった鍋の中にボトンと落ちて、オオカミ汁になってしまう。

現代の物語に変身

ところがこの絵本では、オオカミの位置とブタの位置が逆転している。最初はお母さんオオカミが息子たちを旅立たせる場面だが、なんと母オオカミは頭やしっぽにカールを巻いてベッドに入ったまま、黒いマニキュアを塗りながら話している。貧しいから息子たちを独り立ちさせるのではなく、自分がもう一花咲かせるためには子どもが邪魔だと思っているのかもしれない。

母親から追い出された息子のオオカミたちは、最初からわらではなくレンガでじょうぶな家を建てる。そこへ、敵役の大ブタが登場。あどけなく気弱そうな若オオカミたちに比べ、大ブタは目をつりあげ、丸い肩を精一杯いからせて、思わず吹き出すほど悪ぶっているように見える。

この大ブタは、昔話と同じように家に向かってふうーっと吹いたりぷうーっと吹いたりするが、どんなにブタが顔を赤くしてがんばっても、もちろんレンガの家は壊れない。そこでなんと、悪い大ブタはハンマーを持ってきて家を壊すのである。オオカミたちは、ふるえながら窓から逃げ出す。

もっとじょうぶな家を建てなければ、と思ったオオカミたちが次に建てたのは、コンクリート製の家。オオカミたちが安心してバドミントンに興じていると、またもや悪い大ブタが登場し、電気ドリルで家を壊す。

オオカミたちは相談し、たまたま通りかかった気前のいいサイのトラック運転手から鉄骨や鉄板や南京錠や鎖をもらって、家を建てる。三度目の家は、まるで大富豪が財産を守るための砦のような家である。ブタが侵入しそうなところには鉄条網も張り巡らす。そこへまたまたやってきた大ブタは、テレビのついたインタフォンでオオカミたちを脅しにかかる。脅しに効果がないとわかった大ブタは、なんと今度はダイナマイトを持ち出してきて、絶対安全と思われたこの砦を爆破するのである。

ところが　このブタ、わるいのなんのって　もう　とんでもない　わるブタ
だったんです。どこかへ　いったと　おもったら、おおきな　ハンマーを
もって　かえってきて、いきなり　れんがの　うちを　こわしてしまいました。
3びきの　オオカミは、れんがの　うちが
くずれてしまう　まえに　やっとやっと　にげだすことが
できました。でも、こわくてこわくて　ふるえあがってしまいました。
11

最後に建てたのは？

万事休すかと思われたオオカミたちが最後に建てたのは、意外なことに花の家である。キンセンカやスイセンなどで壁をつくり、ヒマワリで天井をつくり、床にはヒナギクのカーペットを敷く。つまり自衛のための軍隊もやめて非武装で行くことに決めたのである。

あまい花の香りを吸い込んだブタがほろっとして悔い改め、オオカミと仲良くなったという絵本の結末には、「あまりにも理想主義的だ」と思う人もいるだろう。現実の世界では、ミサイルでも劣化ウラン弾でもクラスター爆弾でもなんでも使って弱い者いじめをしている国が、最も強大な力を持ってしまっているではないか、と。

そうかもしれない。でも、だからこそ人間の文化の一つの理想のかたちを子どもに伝えておくのも必要なのではないだろうか。とんでもない現実ばかりを見せていたのでは、とんでもない人間を再生産することにしかならないだろう。

絵本のユーモア

この絵本が日本で出版されたとき、パロディーの面白さは大人でなければわからない、という識者の評もあった。ところが実際は、大人だけでなく就学前の子どもでも、大いに楽しんで笑っている。「3びきの子ブタ」

の話なら日本の幼児でもたいてい知っている、ということもあるだろうし、知らなくて楽しんでいる子もいるのだろう。

とくにオクセンバリーの絵がいい。普通なら怖く描くはずのオオカミを弱気でひとの良さそうな平和主義者に描き、普通ならかわいく描くはずのブタをいかにも憎たらしく描いているのだが、そこにはおのずとユーモアがあり、ながめているだけで自然に笑えてくる。

しかもビアトリクス・ポター以来のイギリス絵本の伝統を受けついで、擬人化されていても、ブタはブタらしく、オオカミはオオカミらしい。たとえばオオカミとブタがボール投げをしている場面を見てほしい。ボールを取ろうとしてオオカミとブタが跳び上がっているのだが、オオカミとブタの体つきの違いや特徴は、きちんと描き分けられている。

大事なティーポット

最後は、改心した大ブタと若オオカミたちが仲良くお茶を飲む場面である。ここに登場するティーポット（絵本の訳では急須）に注目してほしい。見返しにも使われているこのティーポットは、家が壊されるたびにオオカミたちが後生大事に持ち出していた宝物だ。そして、大ブタが家に入れろというたびにオオカミたちが唱える言葉だが、昔話の決まり文句の「きゅうすの　なかの　おちゃのはが　きゅうきゅう　さわいだって、ぜったいに　いれてやるもんか！」という言葉が付け足されている。こんなところにも、この絵本の遊びがのぞいている。

ヘレン・オクセンバリーは、英国人の絵本作家で、『カングル・ワングルのぼうし』と『うちのペットはドラゴン』で一九七〇年に、また『ふしぎの国のアリス』で二〇〇〇年にグリーナウェイ賞を受賞している。ユージーン・トリビザスは、ギリシア人の社会学者で、大学で犯罪学を教える一方、子どもの本も数多く書いている。イギリスではこの絵本をもとにしたミュージカルもでき、大勢の子どもたちを楽しませている。

『くまのコールテンくん』

ドン・フリーマン作，松岡享子訳

ほそえさちよ

心の友にあえるまで

偕成社，1975年（原書，1968年）

小さな子の一番のともだち

幼い子どものいる家庭には、一つや二つ、よれよれで薄汚れたぬいぐるみがころがっているだろう。いくらゲームやプラモデルが人気でも、小さな子が一番最初に親しむおもちゃは自分の手で扱えるふわふわしたぬいぐるみ。一緒に寝たり、ごはんを食べたり、時にはおでかけのお供もする。叱られた時は、ぬいぐるみをだきよせて涙をふき、うれしい時は、手に手をとってダンスする。小さな心の動きに寄り添い、あたたかく見守ってくれるぬいぐるみこそ、初めてのともだちではないかしら。だからこそ、絵本にはぬいぐるみを主人公にする絵本が多いのだと思う。

コールテンくんの親しみやすさ

この絵本の主人公であるコールテンくんは、原書では〈コーデュロイ〉という名前になっている。彼のはいているズボンの布地からついたのだろう。この布はしばらく前まで、日本では〈コール天〉と呼ばれていたので、これを主人公の名前にしたのは訳者のアイデアである。

コールテンくんはデパートのおもちゃ売り場にならんでいるぬいぐるみのくま。おもちゃ売り場ではどのおもちゃも「だれか、うちにつれてかえってくれないかな」と思っている。そこにやってきたひとりの女の子がコールテンくんに目をとめるのだが、おかあさんはズボンのつりひものボタンが取れていて、新品じゃないみたいだし、今日はたくさんお金をつかったからだめよという。そこではじめて、コールテンくんは自分のボタンがなくなっていることに気付くのだ。読んでもらっている子もどれどれ、と最初のページに戻ってみて「あ、ほんとだ。さいしょからとれてるよ」とびっくりする。そこから、コールテンくんの夜の冒険まで子どもの心にすんなりファンタジーが入ってしまう。

なくしたボタンをさがすため、うごきまわって、エスカレーターにのってしまった時の、「これ、やまかな？ぼく、ずっとまえから　やまにのぼってみたいなあって　おもってたんだ。」というコールテンくんのセリフには、アハハ、エスカレーターだよう、と笑い、まっくらな壁に小さく描かれるコールテンくんの姿にびっくりする。

小さな子の心にまっすぐに届く、てらいのない展開。コールテンくんの突飛な思い込みのおもしろさ。はっきりとした黒の勢いのよい線画と淡い彩色とのコントラストが、あたたかみとともに現代的なシャープさもかんじさせる。だって、この舞台は、大都会ニューヨークのデパートなのだから。

ラストはあの女の子が自分のおこづかいでコールテンくんを買い、うちに連れ帰って、大好きなだっこで終わる

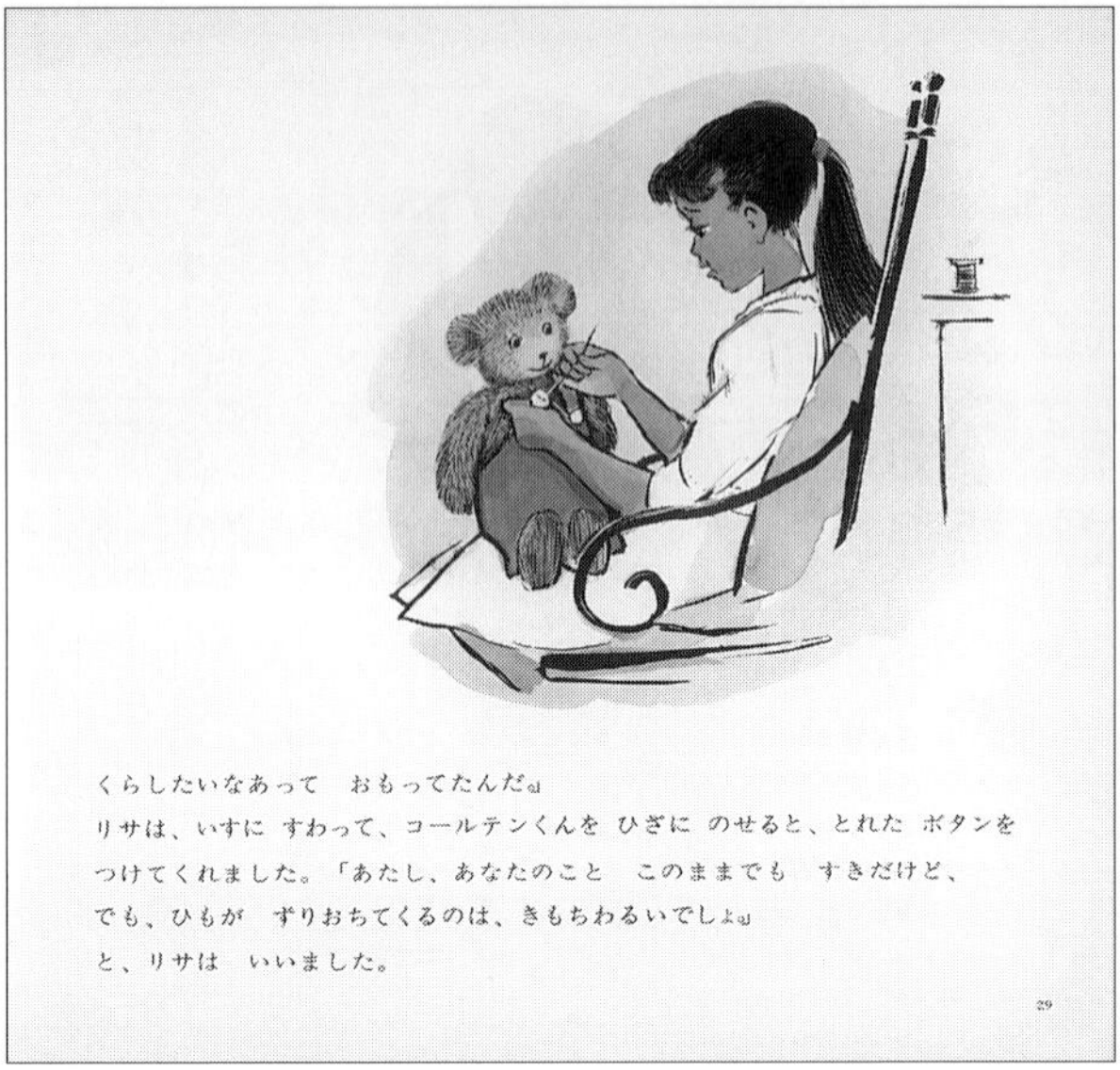
くらしたいなあって　おもってたんだ。」
リサは、いすに すわって、コールテンくんを ひざに のせると、とれた ボタンを
つけてくれました。「あたし、あなたのこと　このままでも　すきだけど、
でも、ひもが　ずりおちてくるのは、きもちわるいでしょ。」
と、リサは　いいました。
29

©1968 by Don Freeman

のだから、読んでもらう小さな子は大満足。

コールテンくんの新しさ

ぬいぐるみが絵本で描かれる時、それまではたいてい、子ども部屋にやってきてからのお話だった。ニコルソンの『ビロードうさぎ』は、子どもから引き離されたぬいぐるみのお話だったし、世界で一番人気者のくま『くまのプーさん』は、クリストファー・ロビンの子ども部屋でくりひろげられる空想が舞台になっている。ドン・フリーマンはこの絵本で初めて、まだ子ども部屋にやってくる前のぬいぐるみを主人公としたのだ。それがどれだけ、子どもたちの目に新鮮に映ったことか。おもちゃやぬいぐるみをお店で買ってくるということがふつうのことになった時代だからこそ、描かれた絵本といえるだろう。

また、コールテンくんを家に連れて帰る女の子が、黒人の女の子として描かれていることも特筆しておきたい。一九六二年、エズラ・ジャック・キーツが『ゆきのひ』で主人公の男の子をはじめて黒人の子どもとして描いた時から、絵本の世界は主人公の人種をどうするのか、意識して描かれるようになった。その流れにこの絵本も強く影響を受けている。

また、女の子がうちにつれかえってコールテンくんの取れたボタンをつけてくれる時のセリフ、「わたし、あなたのこと　このままでも　すきだけど、でも、ひもがずりおちてくるのは、きもちわるいでしょ。」は、いつ読んでも心にしみる。幼い子にとって、自分をまるごと受け入れてもらい、なおかつ、より良い環境においてもらうことこそ、うれしいことはない。愛されるということの本質を、こんなにもやさしいことばであたたかく伝えてくれる絵本をわたしは知らない。

コールテンくんのなかまたち　ドン・フリーマン（一九〇八―七八）は、ジャズ・バンドでトランペットをふきながら生活費を稼ぎ、昼間、美術学校で絵を学ぶという暮しをしながら、ブロードウェイに入り浸っていたという。舞台や役者たちの姿をスケッチし、それが新聞の演劇欄に載るようになって、絵で食べられるようになった人だ。素早い線、人の動きの確からしさは、そのような経験から培われてきたものなのだろう。

『くまのコールテンくん』には、兄、妹にあたる絵本がある。一九五四年刊行の『くまのビーディーくん』はフリーマンの初期の作品で、墨一色のスクラッチのような手法で描かれた絵本。男の子の持っているゼンマイ仕掛けのくまのおもちゃ・ビーディーくんが家出をしてしまうお話で、これもまた、自分の居場所を確かめる物語。一九七八年刊で、遺作となった『コーちゃんのポケット』は『くまのコールテンくん』の続編にあたる。フリーマンは、自分を愛してくれる人がいるということ、自分の居場所を持っているということの素敵を、いつも子どもに語りかけていた作家であった。

『すてきな三にんぐみ』

トミー・アンゲラー作，今江祥智訳

甲斐淳子

黒いマントの奥には優しい心

偕成社，1969年／1977年改訂版（原書，1962年）

表紙のもつインパクト

青のバックに浮かび上がる黒いマントに黒の帽子をかぶった怪しげな泥棒三人組。大きな赤のまさかりをかまえ、六つの目でギラリと睨みつける。トミー・アンゲラーのこの絵本の表紙には、手に取らずにはいられない不思議な力が潜んでいる。それもそのはず、長年、広告業界で数多くのポスターを手がけてきた彼が描くその独創的なタッチの絵は、色彩、構成力ともに強烈なインパクトをもち、我々の目をとらえて離さないからだ。

この絵本が出版された一九六〇年代。アンゲラーが活躍した舞台は、漫画や絵本にとどまらず、ベトナム戦争の反戦ポスターを描くなど、多岐にわたっていた。大人社会や政府に対する容赦のない痛烈な批判、それを怒りや憎しみを前面に押し出すのではなく、独自のブラックユーモアにつつんで描くスタイルは、どこから生まれたのだろう。

幼児体験の根深さ

一九三一年、フランスのアルザス地方に生まれたアンゲラーは、三歳で父を亡くすと、家族とともに祖母の家に身をよせる。愛情深い家庭に育つものの、第二次世界大戦中は、ナチス軍の侵攻、占拠に伴い、一晩のうちに「ドイツ人」になることを余儀なくされるなど、ファシズムに翻弄される毎日だった。そんな、まさに狂気の時代は、幼いアンゲラーの眼にどう映っていたのだろうか。武器と権力を手にし、どこまでも尊大になっていく人間と、それに怯え判断力を奪われていく人間。いつしか彼の中では、恐怖を越えて、権力を前にした人間への強い好奇心と鋭い観察眼が芽生えていく。どうやら、本来は子どもの特権ともいえる残酷さをもって鋭く真実をつく、彼のシニシズムの原点はここにありそうだ。後年、回顧録の中で、幼少時代に遭遇した戦争体験に触れて、「私の子ども時代は、絶対的な価値が見出せないことを学ぶ場だった。誰が善で、誰が悪なのか、判断がつかなかった。多くのことを見て記憶したものだが、不気味なものへの私の嗜好は間違いなくそのときに生まれた」と語っている。

戦後、自分探しのために放浪の旅を続けた彼は、次第にアメリカの文化に魅せられ、一九五六年にニューヨークへの移住を果たす。まさに自由の象徴であるこの街で、仕事の大きなチャンスを手にし、ごく短時間で成功を勝ち取った彼だったが、やがて皮相的な社交界に嫌気を覚えるようになり、上流階級の紳士、淑女を皮肉った画集『パーティ』を発表するなど、その鋭い社会風刺の刃を研ぎ澄ましていく。

暗闇を照らす光の出現

三人組の泥棒は、ラッパ銃にコショウ、そして大きなまさかりを脅しの道具に、夜ごと獲物を狙っては人を襲っていた。しかし、どうだろう。暗闇の中で一見すると恐ろしげなこれらのアイテムも、よく見ればこけおどしと言えなくもない。だが、この三人組に出会った者たちは、みな一様に腰を抜かして、滑稽なまでに慌てふためき、ほうほうの体で逃げていく。そんなある日の夜。三人は、いつものよ

©1963 by Tomi Ungerer

うにラッパ銃を手にして、通りすがりの馬車を止める。だが、乗っていたお客は、ティファニーちゃんというみなしごの女の子だけだった。それまでは姿を見せただけで怖がられていたのに、「一緒に暮らすはずの意地悪なおばさんのところへ行くより、おじさん達についていったほうが面白そう」と、この少女には脅しが効かないどころか、むしろ喜ばれてしまう。少女の純粋な眼に、黒いマントや帽子の奥の部分を見透かされてしまったかのようだ。暗躍する三人の優しい一面を照らし出す一人の小さな女の子の存在。三人の泥棒と一人の少女との出会いが、話の流れを大きく変えていくことになる。

娘の誕生で芽生えた父性

アンゲラーは、もともと作品の中に、辛辣な皮肉をユーモアたっぷりに絡めるのが巧い。では、人間観察眼の鋭い彼は自分自身のことを、どう見ていたのだろうか。ひょっとすると、彼は物語の中に登場する悪役に自分自身を投影していたのかもしれない。娘の誕生によって生まれた彼自身の変化が、大人向けの作品で見せるシニカルな側面とは違い、絵本の結末を、それまで夜な夜な人々を襲っていた泥棒が国中の孤児を救い出して、子どもたちと一緒に幸せに暮らすという、ハッピーエンドともいうべき安全な着地点へと向かわせているような気さえする。

隠れ家に連れて行くと、今まで稼ぎだした宝の山を見つけたティファニーちゃんにこう聞かれ、戸惑う泥棒たち。「まぁぁ、これ、どうするの?」金を稼いでみたものの、一人の女の子に出会うまでは、目的なんて考えてもみなかった。今まで、ただやみくもに積み上げてきたものが、少女の出現によって初めて意味が生まれた瞬間だった。

悪の存在が無垢の少女の出現によって反転してしまうという構図は、彼の他の作品の中にも見られる。六七年に発表の『ゼラルダと人喰い鬼』という絵本では、その不気味なタイトルと同様、子どもが大好物という恐ろしい鬼の登場で幕を開けるが、ここでも一人の田舎町の女の子ゼラルダとの出会いによって、人喰い鬼の心は大きく変化していく。それまでは知らなかった大切なものに気づき、自分の欲望のままに生きてきた頃に別れをつげ、家庭をもつなど人生に意味をもたせようとするのだ。

ユーモアに包んだ、ときに滑稽に見える創作という脅し道具で、大人社会に対して悪役を買ってでてきたアンゲラー。そんな彼も、三人組の泥棒と同様、黒いマントを一枚めくれば、純真無垢な女の子の前には、父性に全てを支配されてしまう父親としての一面を自分でも自覚していたのかもしれない。今まで狙い続けていた金銀、宝石を何も手に入れられなかった夜。ただ一人の少女を目を閉じて愛おしそうに抱きかかえ、隠れ家へと向かう一人の泥棒の姿には父から娘への愛情が溢れている。実際、この作品は、自分の娘フィービーちゃんに捧げて描かれたものらしい。

権力に翻弄される人間の愚行に嫌悪を感じつつ、子どもたちの眼の中には希望の光を見出していたアンゲラーの優しさが伝わってくる一冊である。

『ブライアン・ワイルドスミスのＡＢＣ』

ブライアン・ワイルドスミス作

桂　宥子

色彩の魔術師

らくだ出版，1972年（原書，1962年）

絵本画家のあこがれ

マザーグース、『不思議の国のアリス』など、児童文学には多くの絵本画家を魅了するテーマがある。『不思議の国のアリス』の挿し絵と言えば、ジョン・テニエルのものがあまりにも有名であるが、我こそはテニエルを越えんと、これまで大勢の画家が『アリス』の挿し絵に挑んできた。アーサー・ラッカム、サルバドール・ダリ、マリー・ローランサン、アンソニー・ブラウン等、その例は枚挙にいとまがない。アルファベット絵本もそうしたテーマの一つであり、ワイルドスミス（一九三〇―　）を含め、英米を代表する絵本画家がアルファベット二十六文字に果敢に挑戦し、個性的かつ独創的な作品が多数出版されている。

アルファベット絵本あれこれ

西洋の子どもたちはどのようにアルファベットを学んできたのであろうか。十六世紀に遡れば、ホーンブックがある。それは羽子板のような形の小さな木の板にアルファベットや主の祈りを印刷した紙を貼り、それを薄く削った獣の角（ホーン）で保護した学習用具である。十八世紀後半には、厚紙を二つに折ったバトルドアが出回り、これには木版画の簡単な挿し絵がついていた。一八三五年に出版された『オズボーンのアルファベット絵カード』（未訳）は、ヴィクトリア王女に献呈されたもので、シルク張りのケースに入った美しい銅版画のカードである。Aには弓を引く天使が描かれ、Zには大カマを持つ死神が描かれ、アルファベット二十六文字の中に人生が凝縮されている。十九世紀の後半にはウォルター・クレインによる『古いおともだちのアルファベット』（一八七五、未訳）や、ケイト・グリーナウェイの『A　アップルパイ』（一八八六）などアルファベットを題材にしたトイ・ブックが木口木版の彩色印刷により出版された。カナダの最初の絵本と呼ばれるのは、『絵入りコミック・アルファベット』（一八五九、正式刊行一九六六、未訳）である。これは開拓地ソーニアの女教師が学童のために作った手書きの教材であり、押韻アルファベット（Rhyming Alphabet）の好例でもある。つまりA was an Archer, and shot at a Frog.／B was a Butcher who kept a great Dog.／……と、アルファベットと押韻詩がドッキングしたタイプのアルファベット絵本である。

ワイルドスミスのアルファベット絵本

『ワイルドスミスのＡＢＣ』は、現代の美しいアルファベット絵本の代表と言えよう。このように素敵な絵本でアルファベットにはじめて触れることができる子どもは、なんと幸せなことであろう。それは見開きページの左に単語、右に単語の意味する物が絵で示されている。Aの場合は青みがかった薄鼠色の左ページにオレンジで小文字の「apple」、灰色がかったブルーで大文字の「APPLE」が示され、

それぞれ頭文字の「a」「A」は白色になっている。右ページには濃いスカイブルーの下地にリンゴがページ一杯に描かれている。基本的にはそのような構成で、各ページの下地の色と文字の色の配色が考慮されながら「butterfly」「cat」「dog」……「zebra」と続く。例外的に見開きページ一杯に雄姿を現す「iguana」もいる。絵は厚塗りのグワッシュ水彩画法で描かれ、「色彩の交響楽」と言われるに相応しく、色彩豊かで芸術的である。ワイルドスミスは幼児にリンゴならリンゴの本質を伝えたいという信念をもって作品を制作しており、その意図は十分に成功している。彼の『ABC』はアルファベット二十六文字に対応する物体を単に写実的に描写した味気ないものとは全く異なる。描かれている生き物には表情があり、特にネコやジャガーやライオンの眼は、不思議な力を備えており、幼い読者の心を捉えて離さないであろう。

言語学のファーストブック

ワイルドスミスには一般のアルファベット絵本にありがちな「A=apple, B=butterfly」というように、アルファベット一文字とそれから綴られる名詞を結びつけて子どもにアルファベットを学習させようとする態度は見受けられない。彼は白地で示されたアルファベットの文字に他の色で示された文字が集合するとひとつの語になって、物の名前を指すということを美しくも華麗に表現している。つまりワイルドスミスはアルファベットで綴られた語が表現の単位となり、意味をもつという言語学の基礎を文字と絵を使って幼児にさり気なく手ほどきしているのである。『ワイルドスミスのAB

C』は、アルファベット絵本というよりは、言語学のファーストブックと呼ぶほうが相応しいかもしれない。

芸術的な教育絵本

イギリスは十九世紀後半に絵本の黄金期を迎えるが、一九六〇年代は第二次黄金期と呼べよう。オフセット印刷の発展は、絵本の挿し絵を印刷用の絵から芸術作品へと変貌させるのを可能にした。ワイルドスミスは丁度この時期から活躍しだす絵本画家であり、彼の「色のシャワー」と呼びたくなるようなカラフルな画風は、テクノロジーの進歩に後押しされてこそ成功したと言っても過言ではない。アルファベット絵本は元来、子どもに文字を教えるための教育絵本であった。それに次第に楽しみの要素が加わっていった。ワイルドスミスのアルファベット絵本は、楽しみの教育に、さらに芸術性が加味されている。数学教師の経験があり、知育的な絵本に関心のあるワイルドスミスは、その後も『ブライアン・ワイルドスミス１２３』『とり』『さかな』など芸術性に富む作品を出版した。また、彼は寓話には子どもが知るべき知恵が詰まっていると考えており、『ライオンとネズミ』をはじめ、ラ・フォンテーヌ寓話に基づく作品も多い。

ワイルドスミスのこと

英国ヨークシャーのペニストンに坑夫の子として生まれた。子どもの頃から美術や音楽に関心をもち、科学者を目指して勉強していた。しかし、創作的な仕事に魅力を感じるようになり、進路を変更して、一九四六年からバーンズリー美術学校で学ぶ。一九四九年にはロンドンのスレイド美術学校に進学する。卒業後は兵役につき、陸軍音楽学校で数学を教える。一九五四年からは美術教師を務める傍ら、美術関連の仕事も手がける。一九五五年、オーレリーと結婚し、四人の子どもに恵まれる。その後、オックスフォード出版局の編集者メイベル・ジョージと出会い、児童書と関わるようになる。グリーナウェイ賞に輝いた『ブライアン・ワイルドスミスのＡＢＣ』は、彼女の勧めで出版した。チャールズ・キーピング、レイモンド・ブリッグズらとともに英国絵本の第二次黄金時代を代表する絵本作家の一人である。

『マドレンカのいぬ』

ピーター・シス作，松田素子訳

中川素子

見えない犬が見えてくる絵本

BL 出版，2004年（原書，2002年）

見えない犬の視覚表現

ピーター・シス作『マドレンカのいぬ』には、表紙カヴァーだけでも百匹以上の犬がいる。前作『マドレンカ』でおなじみのニューヨーク、マンハッタンの通りを飼い主と遊んでいる犬や散歩している犬、また、建物の窓から外をみつめている犬などだ。

マドレンカは犬がほしくてしかたがない。犬の絵本を見たり、犬の絵を壁にはったり。パパやママに「ねえ、おねがい。いぬが　ほしいの」とお願いしても、シルエットだけの二人は、だめだめと手をふっている。

おや、犬の声がする。こっちへおいで、いぬくん、さあ、散歩にいきましょう。

マドレンカは赤い引き綱をもって階段をおりていく。そんなにひっぱらないで、いぬくん。ブロックを一回りしようね。ほら、パン屋のガストンさんがいるわ。

「こんにちは　ガストンさん。ほら、みて。これ、わたしの　いぬなの」「わたしも　むかし、いぬを　かったことがあるよ。こんにちは、いぬくん」「みんな、みて！　これね、わたしの　いぬなのよ」「ほほう、こいつは、しろくて　ちいさないぬだな」マクレガーさんがいうと、八百屋のエドワードさんが「いやいや、けの　ふさふさした　おおきないぬだ」といい、通りがかった旅人は「おや？　そのいぬ、すてきな　まだらもようだね」という。

日本人の画家ミチコを含めた大人七人は、マドレンカの見えない犬を、幼い頃自分が飼っていた犬として見ている。ガストンさんのパンを並べた天板、エドワードさんの野菜をいれた荷車など七人についたフラップをめくると、心の扉が開いたかのようにそれぞれの子ども時代が現れ、小さな子どもが犬と遊んでいるのが見えるのだ。

マドレンカは友だちのクレオパトラに会った。クレオパトラも引き綱をもち、「わたしのは、うまよ！　ねえ、どこか　とおくまで　いって、あそばない?」とかけよってくる。二人は犬と馬をつれ、ヨーロッパの大地では騎士やお姫様になって、ナイルのほとりではファラオや女神になって、アラスカの氷原ではそりをひいて遊んだ。二本足で歩く魚に道化がのっていたり、一角獣が湖にその姿を映していたり、スフィンクスがスカラベをつかまえようとしていたり、うさぎがクリスマスプレゼントを用意していたり、中庭はなんて楽しいんだろう。でも氷山の向こうから「マドレンカ～　かえっておいで……」とパパママの呼ぶ声がする。「またね！」と二人はさよなら し、「おうちに　かえろ。いぬくん」とマドレンカが引き綱をひっぱって行くと、たくさんの犬がお家の戸口までぞろぞろついてきたのだった。

二冊の絵本構成の違い

『マドレンカのいぬ』は、二年前に出版された『マドレンカ』と共に、作者の一人娘マドレーヌをモデルにしている。二〇〇四年秋、私はニューヨークでマドレーヌに会った。絵

「みんな、みて！ これね、わたしの いぬなのよ」
「ほほう、こいつは、しろくて ちいさないぬだな」といったのは、マクレガーさん。

「いやいや、けの ふさふさした おおきないぬだ」といったのは、やおやのエドワードさん。
「おや？ そのいぬ、すてきな まだらもようだね」といったのは、とおりがかりの旅の人。

本に描かれているより背がのびていたが、つぶらな青い瞳は変わらず、家族の愛情をたっぷり受けてすくすくと育っているのがわかった。ちなみに「マットくん」シリーズは、息子のマットをモデルにして作られている。

『マドレンカ』は、さまざまな文化背景をもつ隣人たちとの交流を、マドレンカの成長と共に描いている。フランスのガストンさん、ドイツのグリムおばあさん、南アメリカのエドワードさんなどがお国の話をしてくれる。それぞれの国を緻密に描いた絵が魅力的だが、その密度の深さによりマドレンカがブロックを一周する流れをやや止めてしまった嫌いがないでもない。

それに比べ、二作目である『マドレンカのいぬ』は、犬がほしいという子どもの心が明快で、隣人たちも何気なく出てくるだけで、夢の勢いをじゃましていない。それに赤い引き綱がピンとはっているところを見ると、元気ないぬくんが前へ前へとひっぱっているに違いない。ピーター・シスの絵本の多くは、ページをめくらず細部を見続ける楽しみがあるが、『マドレンカのいぬ』は細部の楽しさはあっても、決して歩調をとどめてしまうものではないのだ。

制作時の楽しさが見える絵本

この絵本は作者が楽しんで描いているのがよくわかる。ピーター・シスは、冷戦時代にソ連が進駐した旧チェコスロヴァキアで育った。ピーター・シスの描いた風の方向が、ソ連に反して吹いていると解釈され、警察につかまりそうになるなど大変な思いをしたこともあったようだ。周りの人々の反対や攻撃にまけずに信念を貫いた人物を主人公にし、絵本に大きな意志を込めようとしているのは、そういった体験故ではないだろうか。たとえば地動説を唱え宗教裁判にかけられたガリレオや、地球が真っ平らだと信じられていた頃に船出をしたコロンブス、また、進化論を唱えキリスト教社会から猛反撃をうけたダーウィンなどである。

ダーウィンを描いた『生命の樹――チャールズ・ダーウィンの生涯』は、資料集めから絵本作成まであまりの大変さに周りが「もうやめたら」というほどだったようである。その合間に息抜きのように作ったのがこの『マドレンカのいぬ』とのこと。マドレンカやクレオパトラの顔が見える切り抜き窓や、先述のフラップなどを見ても、辛い仕事の中でのびのびと楽しんで作った感じがよく出ている。

スクラッチ技法と水彩

ピーター・シスは『夢を追いかけろ――クリストファー・コロンブスの物語』などに見られる紙一面になめらかな石膏を塗り、その上に絵の具を塗ってからペンなどでひっかくスクラッチの技法が魅力的だが、子どもが生まれてからは、子どもの安全を願う夫人の強い希望により、水彩などに変えている。『マドレンカ』では隣人たちが国の話をする場面にスクラッチが使われ、マドレンカがブロックを一周する時には水彩、色鉛筆、ペンにするなど、両方の技法を併用しているが、『マドレンカのいぬ』ではスクラッチを完全にやめている。ただ画面を黒いペンの線で細かく埋めたり、水彩絵の具の滲みの工夫などで、絵に密度感のあったスクラッチの効果を再現しようとしている。

表紙カバーの裏表紙側には、街の一ブロックが描いてあり、その真ん中に赤い引き綱をつけた賢そうな犬がいる。これがマドレンカの見えない犬、Little Doggie《いぬくん》にちがいない。表紙カバーの百匹以上の犬も、みんなそれぞれ誰かが心の中で飼っている犬なのであろう。

『しろいうさぎとくろいうさぎ』

ガース・ウイリアムズ文／絵，松岡享子訳

村中李衣

愛の複雑さを追う

福音館書店，1965年（原書，1958年） 表紙と裏表紙

うっとりの秘密

若い女性を中心に、絵本がファッション感覚でもてはやされた日本の一九七〇年代。その火付け役となった一冊が『しろいうさぎとくろいうさぎ』である。主人公である二匹のうさぎの体毛一本一本、野原にそよぐ草木の一本一本までもが、繊細に描きこまれ、極力彩色が抑えられることで、読者の郷愁を誘う一方、擬人化された機微に満ちた表情があたかもうさぎの真の表情であるかのように錯覚させるガース・ウイリアムズ特有の画風に、

多くの読者たちがうっとりと引き込まれた。

また、そのストーリーにも、愛を求める若い読者を惹きつけるに充分な要素があった。しろいうさぎといつまでも一緒にいたいと願うくろいうさぎに対して、しろいうさぎは、その思いに気づかないふりをする。そして、くろいうさぎの告白には、思いもよらないことだというふうなとまどいの表情とともに、あどけないしぐさで「ねえ、そのこと、もっといっしょうけんめい　ねがってごらんなさいよ」とけしかける。そのしろいうさぎのことばに促され「きみといっしょに　いられますように！」といっしょうけんめい願うくろいうさぎ。「ほんとうに　そうおもう？」と念を押すしろいうさぎ。「ほんとに　そうおもう」と永遠の愛を誓うくろいうさぎ。この機を逃すことなく「じゃ、わたし、これからさき、いつも　あなたと　いっしょにいるわ」と結婚の契約をかわしてしまうしろいうさぎ。この「あなたに愛され、あなたに強く求められたから結婚したの」という結婚までの筋運びが、受身で一生愛され続けたい女の子の願望を、うっとりするほど満足させたのである。

日米愛の比較

日本語訳で読む二匹のうさぎのラブストーリーは、どうみても、くろいうさぎがしろいうさぎの巧みな恋のかけひきにまんまとはまってしまったようにみえる。しかし、原文で読む二匹のラブストーリーは、いささか異なっている。ほんとうに自分と一緒にいたいと思っているのか、もっと真剣に考えてみてはと、やんわり誘いかけるしろいうさぎに対して、日本のくろいうさぎは「これからさき、いつも　きみといっしょに　いられますように」と祈りにもとれる健気なことばをつぶやくが、アメリカのくろいうさぎは、もっと単純明快に自分の望みを伝える。I wish you were all mine!（君をぼくのものにしたい）

さらに、この率直な愛の告白を受けて、アメリカのしろいうさぎは、Then I will be all yours（じゃあ、私はあなたのものよ）と自分を投げ出す決心をする。ところが、日本のしろいうさぎは、「いっしょにいられますように」という他力本願的なくろいうさぎのつぶやきを受けて、自分も「いっしょにいるわ」と、どうとでもとれるあ

いまいなことばで呼応する。日本のうさぎカップルの方がよりプラトニックであり、精神性を重視する分だけ言葉に託すかけひきも細かいといえよう。

画面構成の秘密

見開き場面ごとに、ロング・アップ・ロング・アップと、画面に向けたカメラワークが、交互に変化する。そして、ふたりが愛を確認しあう場面になると、読者も巻き込んで気分の高揚を盛り上げるように、アップ・アップ・アップとカメラワークを変化させている。

また、表紙と裏表紙は広げると一枚の絵になるが（図一六六ページ）、この絵の画面構成にも、作者の並々ならぬ思いを感じ取れる。描かれているのは、二匹が結婚式を行うことになる森のはずれのちいさな湖。表紙に描かれているのは、結婚式のために自分の頭に花を飾ろうとするしろいうさぎと、しろいうさぎを傍らでかいがいしく手伝うくろいうさぎの姿のアップ。一方、裏表紙に描かれているのは、表表紙に表された時間を遡り、しろいうさぎがくろいうさぎの手をひっぱって、湖にやってこようとしている姿のロング。同一空間異時表現の、意欲的な試みである。その「意欲」の根底に、ふたりいっしょに結婚式を迎える喜びを分かち合っているのでなく、自分を美しく飾ることに夢中なしろいうさぎと、それについていこうとするくろいうさぎのかすかなきしみが滲んでみえる。このきしみが、作者による結婚という儀式に向けた単なるひやかしや、皮肉であるはずがない。考えてみれば、ストーリーのラストシーン、滞りなく式を終えた二匹は、永遠の愛を誓い合い、森の仲間たちの祝福も受けたわけだから、もう相手が自分の傍から消えてしまう心配はない。いつもいつまでも、いっしょにいられる。なのに、二匹の表情はどこか冷めており、互いを自分の瞳に映しあうこともなく、それぞれが異なる遠くを見やっている（図一六八ページ）。

また、先ほどの表表紙と裏表紙だけでなく、相手に向けてかけひきあるいは交渉を行っている場面に限って、二匹のうさぎは二本足で立っている。つまり、擬人化の手法が、際立って現れているということも、見逃せない。

惹かれあい求めあうことと、二つの魂が一つになることは、イコールではない。幸福を求めること、幸福を手にすること、幸福を維持すること。個が孤から逃れようと他者を求める過程の中で、浮かび上がってくるエゴの問題。作者ガース・ウイリアムズは、一見、若い読者に向けてうっとりするような愛のものがたりを紡ぎだしたようにみせながら、実はそこに焦点をあてていたのかもしれない。

ふたりを取り巻く試練の風

この作品がアメリカで誕生したのは、一九五八年。アメリカの公民権運動に先駆けて作られた意欲的な作品であるという見方がある。しろいうさぎとくろいうさぎの交わりが、人種間の壁を取り払ってつながりあうことを象徴しているという解釈だ。ところが、いや、結婚式の場面で集まって祝福した動物たちはみんな黒く描かれており、白く輝いているのはしろいうさぎと満月だけだというように、作品の随所に白人優位の姿勢がちらつき、人種間の対等な結びつきを表現しているとは到底みなしがたいという意見もまた、アメリカにはある。いずれにせよ、愛すること、愛されることの本質を見極めるべく、正面からその複雑さに取り組んだガース・ウイリアムズの力量は、並々ならぬものがある。

ウイリアムズは一九一二年生まれ。アメリカを代表する挿絵画家で、L・I・ワイルダーの「大草原の小さな家」シリーズや、R・ホーバンの『おやすみなさいフランシス』などの挿絵で知られている。

『よあけ』

ユリー・シュルヴィッツ作／画，瀬田貞二訳

百々佑利子

いのちを描く絵本

福音館書店，1977年（原書，1974年）

ページをめくるよろこび

いまだ薄暗いときから、しだいに夜が明けて、新しい一日が誕生する瞬間の感動をていねいに描いた絵本である。

無音のしずけさをあらわすページで、闇は楕円のなかにおさまっている。ページをめくると暗さはうすまって明るさがます。一本の木、水面に映る山並みも見わけられるようになる。その楕円が縦になると、こんもりと葉をしげらせた木と寄り添ってねむる人影がみえる。闇はうすれても月はまだ空にあり、その光が岩

を照らす。各ページにあらわれるせんさいな変化は、ページをめくるという行為からえられるよろこびを満喫させてくれる。

『よあけ』の誕生

シュルヴィッツは、絵本作家をめざす若い人たちのために『絵で書く　子どもの本の書き方描き方』（未訳）を出版し、「立案の例」にこの絵本をあげてくわしく解説している。いわば『よあけ』の誕生をヴィジュアル・コードという視点から語っているのである。

それによれば、やわらかな線でかこまれた横むきの楕円は、雄大な自然もそこにひそむいのちたちもまだ動きをみせない、しずまりかえる情景と状況の象徴であるという。楕円はページをめくると大きくなるのだが、視界にあるものは変わらない。ただ暗さに目がなれると少しずつものが見えてくるという人間の視覚のはたらきを絵はしめし、楕円のなかの視界が広がり、何があるのかがはっきりしてくる。楕円が縦になり、見開きページが用いられるというようにページのつかい方が変わると、読者の目は木の下にねむる人影にひきよせられる。かすかな変化は、楕円の大きさや片側ページあるいは見開きページの選択によっても、効果的に強調される。

見開きページがはじめてつかわれるのは、岸辺にひきあげられた小舟がみえる場面である。かなり明るさがましてきているが、月光のあたらない側の山はまだ「くろぐろと　しずもる」。やがて、動きが描かれるようになる。そよかぜが吹き湖面に小波がたつと、水面に映る山のりんかくがぶれる。もやがわき、こうもりが舞いたち、かえるは飛びこみ、鳥が鳴き、にわかに湖岸が生命にふるえる。それに呼応して、絵は大きくなっていく。人影はおじいさんと孫である。ふたりは、もくもくと水を汲み、細い枝をひろって火をおこし、朝食がすんだのか、毛布を巻いて（おじいさんは笑顔、孫の表情はわからない）、小舟をおしだし、湖へこぎいでる。舟はあっというまに岸からはなれる。シュルヴィッツは一心に舟をこぐおじいさんを大写しにし、ろの立てる白波を描く。うすくなった闇は水色に近くなる。そして「やまとみずうみが　みどりに」なるまばゆいページとなる。かすかな濃淡のある山は

みどり、湖面もみどりの「よあけ」だ。小舟と二人とその影と白いしぶきは、みどりにすっぽり抱かれる。太陽はせっかちに昇ってきて、そのつぎの、つまりさいごのページでは、みどりの山もみどりの湖面も、赤や黄色の光線で彩られる。これから太陽はこの一日をたゆみなく刻むのだ。自然のサイクルと絵本のページのすすみ加減がみごとに一致して、『よあけ』は生まれた。

孫へ

おじいさんは、孫につたえたいことがあって夜明けを湖岸で迎えたのだろう。シュルヴィッツは絵本をつくり、それを読者である子どもたちみなにつたえた。一日は、こんなふうに新たに創造される。創造が完成する一瞬前の薄ねず色と、完成した瞬間のみどり色はういういしい一日の始まりの色だよ、と。個としての人間はいつか、地上という舞台から去る。日は沈み夜がくる。しかし人間と自然のちがいは、自然という舞台のほうは存在しつづけて、短いサイクルでかならず夜が明けるところにある。しかし人間の存在もとだえはしない。なぜなら、人間には全世界の子どもの数だけ未来があるのだから。絵本は愛のメッセージである。

夜明けは、一日の創造が始まる時間帯であり、夜行性の動物をのぞき、いっときのねむりをむさぼっている生命もめざめるときである。子どももふくめてたいがいの人間がそれを見のがしていることに、絵本をみて気づいた。ああ貴重な夜明けをみのがしているのだと思うのは私だけだろうか。

インスピレーションは唐の詩人から

邦訳版に、シュルヴィッツの略歴と、「モチーフは、唐の詩人柳宗元（七七三―八一五）の詩『漁翁《ぎょおう》』によっています」と記されている。野宿をしていた老漁師が、夜明けに水を汲み火をたいた。朝もやがひくと漁師の姿はもう岸辺になく、ろをこぐ音（あるいは舟唄）が緑にそめあげられた山や水面にひびくのみ。空には雲が無心に流れる、と読める枯淡の境地をうたった詩である。

シュルヴィッツは、唐の詩人からえた心象風景をどう絵本にしたかったのだろう。「山水緑」の部分が胸をうったのだろうか。たっぷりとした「山水緑」がまばゆいページにいたると、これが描きたかったのだと読者は思う。しかし柳宗元の詩の主人公は老漁師であり、絵本ではそれに加えて孫が登場する。柳宗元は自然の悠久をきわだたせるために人間を配した。シュルヴィッツは生命の継続をたしかに語るために、夜明けの湖というおもいきりはなやかな舞台に祖父と孫を配した。

シュルヴィッツという画家・詩人

ユリー・シュルヴィッツ（一九三五―　）はポーランドのワルシャワに生まれ、フランスやイスラエルに住んだのち、二十代半ばで渡米した。一九六九年にアーサー・ランサムの再話『空とぶ船と世界一のばか』で、コールデコット賞を受賞している。『あるげつようびのあさ』や『ゆき』ほか、日本で多くの読者にしたしまれている絵本を出版している。シュルヴィッツが絵本『よあけ』を出版したのは、唐の詩人が詩を詠んだのとほぼ同年齢の三十代の終わりである。

『100まんびきのねこ』

ワンダ・ガアグ文／絵，石井桃子訳

井辻朱美

かわいさ爆発

福音館書店，1961年（原書，1928年）

ネコに溺れる一冊

ネコを主人公にした絵本はかなりある。絵になるし、人間と同じようにわがままで、うぬぼれ屋で、目立ちたがりで……。けれどもこの一冊は、宮沢賢治の「どんぐりと山猫」を思わせる、ひかえめなネコが主人公のお話だ。

こんなにモノトーンで地味な絵本が、なぜロングセラーなんだろう。それはたぶん、ネコが「100まんびき」もいるからにちがいない。かわいいものはたくさんいると、もっとかわいい。ネコのほしいおじいさんとおばあさん。おじいさんはネコを探しに旅立つ。そしてネコが鈴なりの丘に、たどりついた。

見開きに風景がうねるように描かれている。おじいさんの長い旅路を示すかのように。いくつもの雲も伴走している。次のページを見ると、なんと丘をおおう緑の梢と見えるものは、実はネコの顔、顔、顔だ。手前にはネコの百態が描かれていて、のけぞるおじいさん。

さて、それからネコ選びが始まるのだが、あれもかわいい、これもかわいいよ、とおじいさんは結局ぜんぶ連れて帰ることにしてしまう。おじいさんのせおっているネコが一匹ずつ増えてゆくのが楽しい。

絵本のいいところは、このネコの丘の由来がなんなのか、またネコたちがなぜ大行列でおじいさんについてゆくのか、そういう肝心なことはいっさい書かれずに、ネコのかわいさとそれに溺れる人間の気持ちに終始しているところだ。木版画のようなタッチで描かれる黒い丘をうねうね越えてくる道は、ぜんぶネコ、ネコ。とちゅうで池があれば飲みほし、野原の草は食いつくし、傍若無人な大行列はおばあさんの待つ家へ。

だれが一番かわいいのか

おじいさんとちがって、さすがに経済観念のあるおばあさんは、ネコたちに、だれが残るか決めてもらおうと言う。ネコたちは自分が一番きれいだ、と言い張って、くんずほぐれつの大喧嘩。この絵が素朴なだけに迫力がある。さあ、どうなる??

意外な結末もまた、つごうよくできている。おとなの読者はちょっと驚くが、夫妻が、そこに一匹残ったみすぼらしい子ネコをかわいがって育て「うちの子がいちばん」とまたまた親ばかならぬ、ネコ自慢に終わるところが、ネコ好きの心をくすぐってやまない。

つまりこのお話は、「ネコがかわいい」に始まり「ネコがかわいい」に終わる、それだけがテーマなのだが、そこに「どんなネコもかわいい」が加わって、ほのぼのとした余韻を残す。

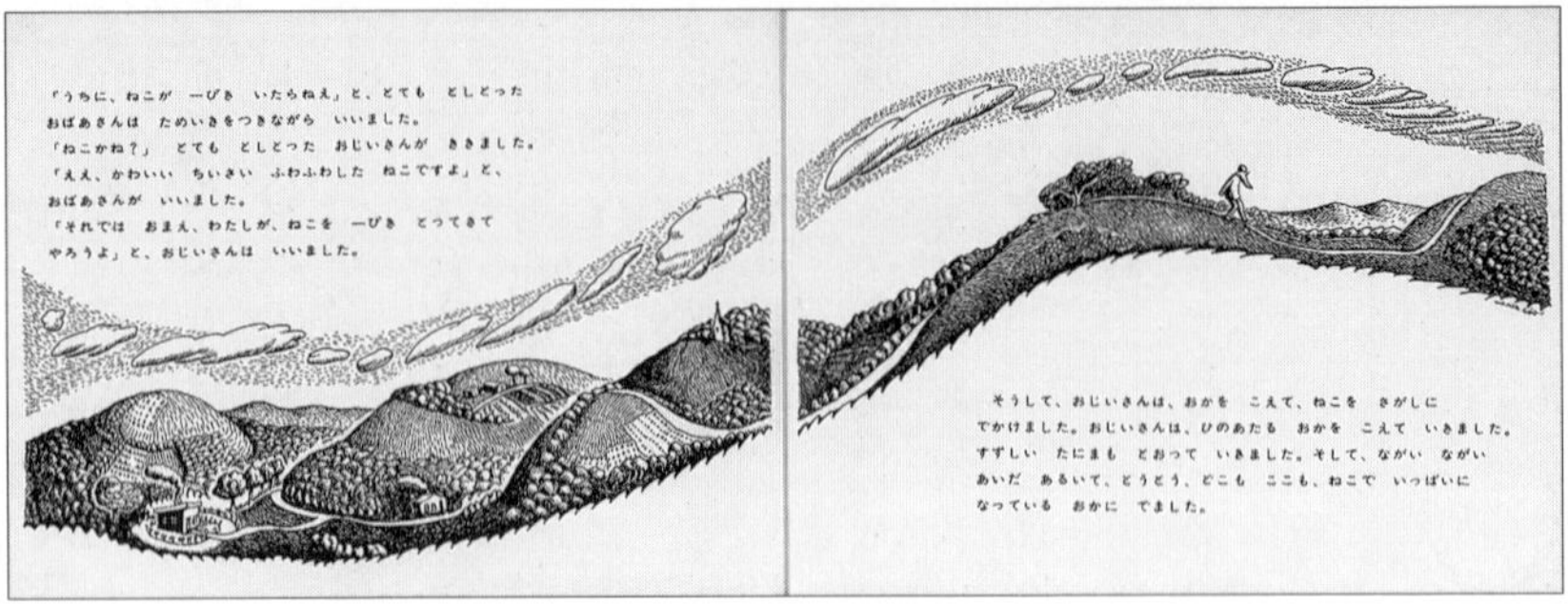
「うちに、ねこが　一ぴき　いたらねえ」と、とても　としとった
おばあさんは　ためいきをつきながら　いいました。
「ねこかね？」　とても　としとった　おじいさんが　ききました。
「ええ、かわいい　ちいさい　ふわふわした　ねこですよ」と、
おばあさんが　いいました。
「それでは　おまえ、わたしが、ねこを　一ぴき　とってきて
やろうよ」と、おじいさんは　いいました。
そうして、おじいさんは、おかを　こえて、ねこを　さがしに
でかけました。おじいさんは、ひのあたる　おかを　こえて　いきました。
すずしい　たにまも　とおって　いきました。そして、ながい　ながい
あいだ　あるいて、とうとう、どこも　ここも、ねこで　いっぱいに
なっている　おかに　でました。

時間の経過を示す絵

ワンダ・ガアグは、水彩から出発したが、版画やリトグラフに転じてから成功している。この絵本も木版の刀のあとが見えるような荒削りなタッチだが、それが昔話の素朴さをかもしだす。おもしろいのはおじいさんの顔で、鼻の下のひげがなくて、顎ひげだけがつけひげのように、あるいは北欧のこびとのトムテよろしくついている。

そして、おじいさんの旅路はさきほども書いたように、見開きページをダイナミックにうねりつつ、時間経過を示しているし、やせた子ネコがごはんを食べて太っていくようすも、見開きページを使って、何匹もの子ネコに託して描いている。これは、聖書の物語をイコンや祭壇画に仕立てるときに、中世の画家がとった絵解きの手法だ。ただでさえ百万匹もいるネコなのに、一匹のネコも十匹に描いてしまう。

またおじいさんが出発する開巻第一ページは朝のように思われるが、そのあと旅から帰ってきて、ネコたちの大立ち回りを窓から眺めているところは、カーテンも半ばひかれて夕方に近づいており、やせた子ネコの毛をおばあさんがブラシでとかしてやるページはランプがともってすでに宵と思われ、満足そうに椅子でくつろぐ二人と子ネコの最後のページは、ランプが主役となってはっきり夜である。飾られた結婚式の若い二人の写真も、人生のまどやかな黄昏を印象づける。

ワンダは、ボヘミア生まれの画家を父として、アメリカのミネソタ州ニューアルムに生まれた。ここは、中部ヨーロッパの移民の町だったので、バヴァリアや

ボヘミアの民謡やメルヘンに親しんで育った、とワンダ自身も記している。古き良きヨーロッパの味わいが、彼女の絵にあふれているのも偶然ではない。『しらゆきひめと七人の小人たち』『グリムのお話集』（未訳）などの作品があることもうなずける。

画家ワンダ・ガアグの人生

ワンダ・ガアグ（一八九三―一九四七）の一九〇八年から一九一七年までの日記が『ワンダ・ガアグ　若き日の痛みと輝き』（阿部公子訳・こぐま社、一九九七年）として一九四〇年に出版されている。家の暮らしは楽ではなかったが、父の遺言により、画家になることを決意した彼女。六人の弟妹たちとのにぎやかな交流と、毎日のように絵や挿し絵物語を書いて投稿していた少女の姿がいきいきと浮かびあがる。実際に採用されたペン画も収められていて、十代の少女がすでに蔵書票めいた、輪郭線の太い、様式感のある絵柄を身につけていることには驚かされる。高校卒業後、美術学校に学び、三十歳の時に初めての個展を開き、三十四歳からは版画家として声名を得るようになる。そして三十五歳のときの本作が世界的なベストセラーとなった。五十歳で結婚、三年後に死去。ネコを描いたリアルなリトグラフ作品もあり、手足の長いしなやかなネコたちの寝姿は、この絵本のネコたちを彷彿とさせる。

あとがき

絵本には児童文学とは違った特徴があります。それは絵本のなかには、文と絵、そして全体のデザインという要素が存在し、それらが共同作業《コラボレーション》をするということです。共同作業のあいだに足し算でなくかけ算が生まれることがあって、それが絵本の感動をより深いものにします。

このことは絵本以外のメディア、例えばマンガも同じです。しかし絵本には、マンガには無い特徴があります。それはマンガが基本的にはひとりで読むものなのに対して、絵本は家庭や幼稚園、図書館などで、読み手（大人）が聞き手（子ども。一人のことも大勢のこともあります）に読んであげることが多いということです。大人と子どもの両方の読者がいること、また読み手の声という身体的要素が加わることが、絵本を独特なものとしています。

ひとつ目とふたつ目の特徴を一言で言うなら、絵本はその短いページ数のなかに分かち合う《シェア》ものが多いということでしょう。このことが絵本とその研究を複雑で、また魅力のあるものとしています。絵本の研究は、児童文学の研究と比べるとまだ歴史が浅く、方法論も確立されてはいません。世界でただひとつの絵本学会が一九九七年に日本で設立されたとはいえ、研究者はまだまだ手探りしながら、絵本研究の道をたどり始めたばかりです。

本書はエッセイ集であり、研究書ではありませんが、絵本について考えるものであるところは同じです。これまで絵本についてのエッセイ集はたくさん出版されていますが、絵本研究の一端を担うものとなると、とたんに数が少なくなります。そんななかで、絵本の楽しみを研究につなげることができたらという願いをこめて、本書が生まれました。

絵本についてもっと研究したい方のために、ミネルヴァ書房刊行の関連書籍をご紹介しましょう。『たのしく読める英米の絵本』は、数多くの絵本を網羅し、作品や作者について重要な情報をコンパクトに並べたものです。また『英米児童文学の宇宙』と『英米児童文学の黄金時代』にも、絵本について述べた章があります。また本書には姉妹本の『英米児童文学のベストセラー40』があります。こちらは絵本でなく児童書について、執筆者がエッセイの形で紹介していますので、合わせてご覧いただけると幸いです。

最後になりましたが、絵本の表紙などの図版の掲載を許可してくださった出版社各位に、お礼を申し上げます。また原稿をお寄せいただいた執筆者の皆さま、ありがとうございました。本書の企画から刊行までには、予定を大幅に上回る年月がかかってしまい、早くから原稿を書きあげてくださった方々にご迷惑をおかけしたことを、この場を借りておわび申し上げます。編集協力者の高田賢一先生、成瀬俊一先生、そしてミネルヴァ書房編集部の河野菜穂さんには、言葉に尽くせないほど多くの助力をいただきました。本書も絵本そのもののように、多くの共同作業から生まれました。ご協力いただいたすべての皆さまに、改めて感謝申し上げます。

二〇〇九年初夏　　編　者

英米児童文学のベストセラー40

編著者◆成瀬俊一
編集協力◆高田賢一／灰島かり

—心に残る名作

A５判美装カバー　本体1800円（税別）

かつて読んだことのある、ぜひ読んでおきたい
作品の魅力と面白さを紹介した英米児童文学の宝箱

〈収録の40作品〉
『不思議の国のアリス』／『クマのプーさん』／『風にのってきたメアリー・ポピンズ』／『床下の小人たち』／『グリーン・ノウの子どもたち』／『トムは真夜中の庭で』／『オズのふしぎな魔法使い』／『エルマーのぼうけん』／『テラビシアにかける橋』／『砂の妖精』／『ピーター・パン』／『くまのパディントン』／『マチルダは小さな大天才』／『トム・ソーヤーの冒険』／『クローディアの秘密』／『スタンド・バイ・ミー』／『穴』／『たのしい川べ』／『ツバメ号とアマゾン号』／『大きな森の小さな家』／『秘密の花園』／『青いイルカの島』／『シャーロットのおくりもの』／『ふたりはともだち』／『豚の死なない日』／『フランダースの犬』／『お姫さまとゴブリンの物語』／『ホビットの冒険』／『人形の家』／『ライオンと魔女』／『黄金の羅針盤』／『ハリー・ポッターと賢者の石』／『影との戦い』／『若草物語』／『あしながおじさん』／『少女ポリアンナ』／『ウィーツィ・バット』／『赤毛のアン』／『めざめれば魔女』／『のっぽのサラ』

ミネルヴァ書房

http://www.minervashobo.co.jp/

〈編著者紹介〉
灰　島　か　り（はいじま・かり）
翻訳家，白百合女子大学講師
著　書　『絵本をひらく』（共編著）人文書院，2006年
『絵本翻訳教室へようこそ』研究社，2005年
『英米児童文学の宇宙』（共著）ミネルヴァ書房，2002年
訳　書　ハッチンス／デントン『しゃっくり1かい1びょうかん』福音館書店，2008年
アン・ファイン『チューリップ・タッチ』評論社，2004年
アンソニー・ブラウン『森のなかへ』評論社，2004年
ローズマリー・サトクリフ『ケルトの白馬』ほるぷ出版，2000年

英米絵本のベストセラー40
――心に残る名作――

2009年7月10日　初版第1刷発行　〈検印省略〉

定価はカバーに
表示しています

編著者　灰　島　か　り
発行者　杉　田　啓　三
印刷者　江　戸　宏　介

発行所　株式会社　ミネルヴァ書房
607-8494　京都市山科区日ノ岡堤谷町1
電話代表　075-581-5191番
振替口座　01020-0-8076番

© 灰島かり，2009
共同印刷工業・清水製本

ISBN978-4-623-05362-9

Printed in Japan

〈執筆者・担当作品紹介〉（五十音順，＊印は編著者，†印は編集協力者）

井辻朱美（いつじ・あけみ）
白百合女子大学教授
『おどる12人のおひめさま』
『100まんびきのねこ』

今井良朗（いまい・よしろう）
武蔵野美術大学教授
『はらぺこあおむし』
『おやすみなさいおつきさま』

小野　明（おの・あきら）
編集者・装幀家
『ねこのオーランドー』
『はなのすきなうし』

甲斐淳子（かい・じゅんこ）
小児歯科医
『悲しい本』
『すてきな三にんぐみ』

桂　宥子（かつら・ゆうこ）
岡山県立大学教授
『ゆきのひ』
『ブライアン・ワイルドスミスの ABC』

神谷　友（かみや・ゆう）
関東学院大学大学院博士後期課程
『ロージーのおさんぽ』

川端有子（かわばた・ありこ）
愛知県立大学教授
『窓の下で』

さくまゆみこ
翻訳家・玉川大学大学院講師
『かいじゅうたちのいるところ』
『３びきのかわいいオオカミ』

笹本　純（ささもと・じゅん）
筑波大学教授
『げんきなマドレーヌ』
『おじいちゃん』

白井澄子（しらい・すみこ）
白百合女子大学教授
『もりのなか』

†髙田賢一（たかだ・けんいち）
青山学院大学教授
『月夜のみみずく』
『すばらしいとき』

高鷲志子（たかわし・ゆきこ）
明治学院大学非常勤講師
『はなをくんくん』

竹内美紀（たけうち・みき）
フェリス女学院大学大学院
博士後期課程
『わすれられないおくりもの』

内藤貴子（ないとう・たかこ）
昭和女子大学非常勤講師
『かようびのよる』

中川素子（なかがわ・もとこ）
文教大学教授
『オリビア』
『マドレンカのいぬ』

†成瀬俊一（なるせ・しゅんいち）
青山学院女子短期大学講師
『スノーマン』
『神の道化師』

西村醇子（にしむら・じゅんこ）
白百合女子大学講師
『かあさんのいす』

野村羊子（のむら・ようこ）
絵本の店「プーの森」店主
『ぼくはおこった』
『ちいさいおうち』

＊灰島かり（はいじま・かり）
翻訳家・白百合女子大学講師
『ルピナスさん――小さなおばあさんのお話』
『急行「北極号」』
『ゆうびんやのくまさん』
コラム③

藤本朝巳（ふじもと・ともみ）
フェリス女学院大学教授
『三びきのやぎのがらがらどん』
『すきですゴリラ』

ほそえさちよ（細江幸世）
編集者・ライター
『チムとゆうかんなせんちょうさん』
『くまのコールテンくん』
コラム①

正置友子（まさき・ともこ）
絵本学研究所主宰
コラム②

村中李衣（むらなか・りえ）
梅光学院大学教授
『あおくんときいろちゃん』
『しろいうさぎとくろいうさぎ』

百々佑利子（もも・ゆりこ）
児童文学者
『ピーターラビットのおはなし』
『よあけ』

依田和子（よだ・かずこ）
鶴見大学非常勤講師
コラム④

人名索引

ア　行

カ　行

サ　行

タ　行

ナ　行

ハ　行

マ 行

ヤ 行

ラ 行

ワ 行

作品名索引

ア 行

カ　行

サ　行

タ 行

ナ 行

ハ　行

マ　行

ヤ　行

ラ　行

ワ　行

作品リスト（本文頁順。＊は本書の紹介作品）

2～5ページ

＊『げんきなマドレーヌ』 ルドウィッヒ・ベーメルマンス作・画 瀬田貞二訳 福音館書店 1972年（*Madeline,* Ludwig Bemelmans, 1939.）

『マドレーヌのメルシーブック――いつもおぎょうぎよくいるために』 ジョン・ベーメルマンス・マルシアーノ作 ルドウィッヒ・ベーメルマンス原案 江國香織訳 BL出版 2005年（*Madeline Says Merci : The-Always-Be-Polite Book,* John Bemelmans Marciano, 2001.）ほか

6～9ページ

＊『かいじゅうたちのいるところ』 モーリス・センダック作 神宮輝夫訳 冨山房 1975年（*Where the Wild Things Are,* Maurice Sendak, 1963.）

『まよなかのだいどころ』 モーリス・センダック作 神宮輝夫訳 冨山房 1982年（*In the Night Kitchen,* Maurice Sendak, 1970.）

『まどのそとのそのまたむこう』 モーリス・センダック作 脇明子訳 福音館書店 1982年（*Outside Over There,* Maurice Sendak, 1981.）

10～13ページ

＊『あおくんときいろちゃん』 レオ・レオーニ作 藤田圭雄訳 至光社 1967年（*Little Blue and Little Yellow,* Leo Lionni, 1959.）

『スイミー』 レオ・レオニ作 谷川俊太郎訳 好学社 1969年（*Swimmy,* Leo Lionni, 1963.）

『フレデリック――ちょっとかわったのねずみのはなし』 レオ・レオニ作 谷川俊太郎訳 好学社 1969年（*Frederick,* Leo Lionni, 1967.）

『アレクサンダとぜんまいねずみ』 レオ・レオニ作 谷川俊太郎訳 好学社 1975年（*Alexander and the Wind-up Mouse,* Leo Lionni, 1969.）

14～17ページ

＊『ゆきのひ』 エズラ・ジャック・キーツ文・絵 木島始訳 偕成社 1969年（*The Snowy Day,* Ezra Jack Keats, 1962.）

18～21ページ

＊『チムとゆうかんなせんちょうさん』 エドワード・アーディゾーニ作 瀬田貞二訳 福音館書店 1963年／2001年（新版）（*Little Tim and the Brave Sea Captain,* Edward Ardizzone, 1936／1955.）

『もじゃもじゃペーター』 ハインリッヒ・ホフマン作 ささきたづこ訳 ほるぷ出版 1985年（*Der Struwwelpeter,* Heinrich Hoffmann, 1845.）

『チムさいごのこうかい』 エドワード・アーディゾーニ作 渡辺茂男訳 瑞木書房 1981年（*Tim's Last Voyage,* Edward Ardizzone, 1972.）

『ムギと王様――本の小べや１』 エリナー・ファージョン作 石井桃子訳 岩波書店 2001年（文庫・改版）（*The Little Bookroom,* Eleanor Farjeon, 1955.）

22～25ページ

＊『ぼくはおこった』 ハーウィン・オラム文 きたむらさとし絵・訳 佑学社 1988年／評論社 1996年（*Angry Arthur,* Hiawyn Oram, Satoshi Kitamura, 1982.）

『スーホの白い馬』 赤羽末吉作 大塚勇三再話 福音館書店 1967年

26～29ページ

＊『オリビア』 イアン・ファルコナー作 谷川俊太郎訳 あすなろ書房 2001年（*Olivia,* Ian Falconer, 2000.）

『オリビア　サーカスをすくう』 イアン・ファルコナー作　谷川俊太郎訳　あすなろ書房　2002年（*Olivia Saves the Circus,* Ian Falconer, 2001.）

『オリビア……ときえたにんぎょう』 イアン・ファルコナー作　谷川俊太郎訳　あすなろ書房　2003年（*Olivia ... and the Missing Toy,* Ian Falconer, 2003.）

『オリビア　バンドをくむ』 イアン・ファルコナー作　谷川俊太郎訳　あすなろ書房　2006年（*Olivia Forms a Band,* Ian Falconer, 2006.）

『オリビア　クリスマスのおてつだい』 イアン・ファルコナー作　谷川俊太郎訳　あすなろ書房　2008年（*Olivia Helps with Christmas,* Ian Falconer, 2007.）

30〜32ページ

『フレデリック——ちょっとかわったのねずみのはなし』 レオ・レオニ作　谷川俊太郎訳　好学社　1969年（*Frederick,* Leo Lionni, 1967.）

『すてきな三にんぐみ』 トミー・アンゲラー作　今江祥智訳　偕成社　1969年／1977年（改訂版）（*The Three Robbers,* Tomi Ungerer, 1962.）

『優雅に叱責する自転車』 エドワード・ゴーリー作　柴田元幸訳　河出書房新社　2000年（*The Epiplectic Bicycle,* Edward Gorey, 1969/1997.）

34〜37ページ

＊『ルピナスさん——小さなおばあさんのお話』 バーバラ・クーニー作　掛川恭子訳　ほるぷ出版　1987年（*Miss Rumphius,* Barbara Cooney, 1982.）

『満月をまって』 メアリー・リン・レイ文　バーバラ・クーニー絵　掛川恭子訳　あすなろ書房　2000年（*Basket Moon,* Mary Lyn Ray, Barbara Cooney, 1999.）

38〜41ページ

＊『はらぺこあおむし』 エリック・カール作　森比佐志訳　偕成社　1976年（*The Very Hungry Caterpillar,* Eric Carle, 1969.）

『一，二，三　どうぶつえんへ』 エリック・カール作　偕成社　1970年（*1, 2, 3 to the Zoo,* Eric Carle, 1968.）

42〜45ページ

＊『はなをくんくん』 ルース・クラウス文　マーク・シーモント絵　木島始訳　福音館書店　1967年（*The Happy Day,* Ruth Krauss, Marc Simont, 1949.）

『あなたがうまれたひ』 デブラ・フレイジャー作　井上荒野訳　福音館書店　1999年（*On the Day You Were Born,* Debra Frasier, 1991.）

『おじいちゃん』 ジョン・バーニンガム作　谷川俊太郎訳　ほるぷ出版　1985年（*Granpa,* John Burningham, 1984.）

『せんたくかあちゃん』 さとうわきこ作　福音館書店　1982年

『あなはほるもの　おっこちるとこ——ちいちゃいこどもたちのせつめい』 ルース・クラウス文　モーリス・センダック絵　渡辺茂男訳　岩波書店　1979年（*A Hole is to Dig : A First Book of First Definitions,* Ruth Krauss, Maurice Sendak, 1952.）

『オーケストラの105人』 カーラ・カスキン作　マーク・サイモント絵　岩谷時子訳　すえもりブックス　1995年（*The Philharmonic Gets Dressed,* Karla Kuskin, Marc Simont, 1982.）

46〜49ページ

＊『ピーターラビットのおはなし』 ビアトリクス・ポター作・絵　石井桃子訳　福音館書店　1971年／1988年（新版）（*The Tale of Peter Rabbit,* Beatrix Potter, 1902.）

50〜53ページ

＊『ロージーのおさんぽ』 パット・ハッチンス作　渡辺茂男訳　偕成社　1975年（*Rosie's Walk,* Pat Hutchins, 1968.）

『風がふいたら』 パット・ハッチンス作　田村隆一訳　評論社　1980年（*The Wind Blew,* Pat Hutchins, 1974.）

『おまたせクッキー』 パット・ハッチンス作　乾侑美子訳　偕成社　1987年（*The Doorbell Rang,* Pat Hutchins, 1986.）

『ティッチ』 パット・ハッチンス作・絵　石井桃子訳　福音館書店　1975年（*Titch,* Pat Hutchins, 1971.）

54〜57ページ

*『ねこのオーランドー』 キャスリーン・ヘイル作・画　脇明子訳　福音館書店　1982年（*Orlando the Marmalade Cat : A Camping Holiday,* Kathleen Hale, 1938／1959.）

『ぞうのババール——こどものころのおはなし』 ジャン・ド・ブリュノフ作　矢川澄子訳　評論社　1974年（*Histoire de Babar : le petit elephant,* Jean de Brunhoff, 1931.）

「うさこちゃん」シリーズ　ディック・ブルーナ作（Nijntje（Miffy）series, Dick Bruna, 1955-.）

『ごろごろ　にゃーん』 長新太作　福音館書店　1976年

58〜61ページ

*『三びきのやぎのがらがらどん』 マーシャ・ブラウン絵　瀬田貞二訳　福音館書店　1965年（*The Three Billy Goats Gruff,* Marcia Brown, 1957.）

『シンデレラ』 マーシャ・ブラウン作　シャルル・ペロー原作　まつのまさこ訳　福音館書店　1969年（*Cinderella,* Marcia Brown, 1954.）

『影ぼっこ』 ブレーズ・サンドラール文　マーシャ・ブラウン絵　尾上尚子訳　ほるぷ出版　1983年（*Shadow,* Blaise Cendrars, Marcia Brown, 1982.）

62〜65ページ

*『月夜のみみずく』 ジェイン・ヨーレン詩　ジョン・ショーエンヘール絵　工藤直子訳　偕成社　1989年（*Owl Moon,* Jane Yolen, John Schoenherr, 1987.）

『みずうみにきえた村』 ジェーン・ヨーレン文　バーバラ・クーニー絵　掛川恭子訳　ほるぷ出版　1996年（*Letting Swift River Go,* Jane Yolen, Barbara Cooney, 1992.）

『はるかなるわがラスカル』 スターリング・ノース作　川口小吉訳　学習研究社／亀山龍樹訳　小学館　1994年（角川文庫の改訂版）（*Rascal : A Memoir of a Better Era,* Sterling North, 1963.）

『もりのなか』 マリー・ホール・エッツ文・絵　まさきるりこ訳　福音館書店　1963年（*In the Forest,* Marie Hall Ets, 1944.）

『かいじゅうたちのいるところ』 モーリス・センダック作　神宮輝夫訳　冨山房　1975年（*Where the Wild Things Are,* Maurice Sendak, 1963.）

『すばらしいとき』 ロバート・マックロスキー文・絵　渡辺茂男訳　福音館書店　1978年（*Time of Wonder,* Robert McCloskey, 1957.）

66〜69ページ

*『おやすみなさいおつきさま』 マーガレット・ワイズ・ブラウン作　クレメント・ハード絵　瀬田貞二訳　評論社　1979年（*Goodnight Moon,* Margaret Wise Brown, Clement Hurd, 1947/1975.）

『せんろはつづくよ』 マーガレット・ワイズ・ブラウン作　ジャン・シャロー絵　与田準一訳　岩波書店　1979年（*Two Little Trains,* Margaret Wise Brown, Jean Charlot, 1949/77.）

『おやすみなさいのほん』 マーガレット・ワイズ・ブラウン作　ジャン・シャロー絵　石井桃子訳　福音館書店　1962年（*A Child's Good Night Book,* Margaret Wise Brown, Jean Charlot, 1944.）

『たいせつなこと』 マーガレット・ワイズ・ブラウン作　レナード・ワイスガード絵　内田也哉子訳　フレーベル館　2001年（*The Important Book,* Margaret Wise Brown, Leonard Weisgard, 1949.）

70〜72ページ

『ながぐつをはいたねこ』 ウォルター・クレイン作（*Puss in Boots,* Walter Crane, 1873.）

『あかずきん』 ウォルター・クレイン作（*Little Red Riding Hood,* Walter Crane, 1875.）
『ヘイ・ディドル・ディドルとベイビー・バンティング』（未訳） ランドルフ・コールデコット作（*Hey Diddle Diddle and Baby Bunting,* Randolph Caldecott, 1882.）

74～77ページ

*『窓の下で』 ケイト・グリーナウェイ作 岸田理生訳 新書館 1976年／白石かずこ訳 ほるぷ出版 1987年（*Under the Window,* Kate Greenaway, 1878.）

78～81ページ

*『おどる12人のおひめさま』 エロール・ル・カイン絵 グリム兄弟原作 矢川澄子訳 ほるぷ出版 1980年（*The Twelve Dancing Princesses,* Errol Le Cain, 1978.）
『いばら姫』 エロール・ル・カイン絵 グリム兄弟原作 矢川澄子訳 ほるぷ出版 1976年（*Thorn Rose,* Errol Le Cain, 1975.）
『アーサー王の剣』 エロール・ル・カイン文・絵 灰島かり訳 ほるぷ出版 2003年（*King Arthur's Sword,* Errol Le Cain, 1968.）
「アラビアンナイト」『アラビアン・ナイト』 中野好夫訳 岩波書店 2001年（文庫・新版）（The Arabian Nights.）
『魔術師キャッツ——大魔術師ミストフェリーズ マンゴとランプルの悪ガキコンビ』 T. S. エリオット文 エロール・ル・カイン絵 田村隆一訳 ほるぷ出版 1991年（*Mr. Mistoffelees with Mungojerrie and Rumpelteazer,* Errol Le Cain, Thomas Stearns Eliot, 1990.）
『憧れのまほうつかい』 さくらももこ著 新潮社 1998年

82～85ページ

*『すきですゴリラ』 アントニー・ブラウン作・絵 山下明生訳 あかね書房 1985年（*Gorilla,* Anthony Browne, 1983.）
『どうぶつえん』 アンソニー・ブラウン作 藤本朝巳訳 平凡社 2003年（*Zoo,* Anthony Browne, 1992.）
「ウィリー」シリーズ アンソニー・ブラウン作（Willy series, Anthony Browne, 1984-.）
『不思議の国のアリス』 ルイス・キャロル作 脇明子訳 岩波書店 2000年（文庫）（*Alice's Adventures in Wonderland,* Lewis Carroll, 1865.）
『宝島』 ロバート・ルイス・スティーヴンソン作 N. C. ワイエス挿絵 亀山龍樹訳 学習研究社 1974年（*Treasure Island,* Robert Louis Stevenson, Newell Convers Wyeth, 1883.）
『シェイプ・ゲーム』 アンソニー・ブラウン作 藤本朝巳訳 評論社 2004年（*The Shape* Game, Anthony Browne, 2003.）

86～89ページ

*『急行「北極号」』 クリス・ヴァン・オールズバーグ絵・文 村上春樹訳 河出書房新社 1987年（*The Polar Express,* Chris Van Allsburg, 1985.）
『いたずらきかんしゃちゅうちゅう』 ヴァージニア・リー・バートン文・絵 村岡花子訳 福音館書店 1961年（*Choo Choo,* Virginia Lee Burton, 1937.）
「きかんしゃトーマス」シリーズ ウィルバート・オードリー作 レジナルド・ドールビー（ダルビー）絵（Railway series, Welbert Awdry, Reginald Dolby, 1945-.）
「銀河鉄道の夜」『銀河鉄道の夜——宮沢賢治童話集３』 所収 宮沢賢治作 講談社 2009年（文庫・新装版）

90～93ページ

*『もりのなか』 マリー・ホール・エッツ文・絵 まさきるりこ訳 福音館書店 1963年（*In the Forest,* Marie Hall Ets, 1944.）
『プー横丁にたった家』 A. A. ミルン作 E. H. シェパード絵 石井桃子訳 岩波書店 2000年（文

庫・新版）（*The House at Pooh Corner,* Alan Alexander Milne, Ernest Howard Shepard, 1928.）
『クリスマスまであと九日――セシのポサダの日』 アウロラ・ラバスティダ作 マリー・ホール・エッツ作・画 田辺五十鈴訳 冨山房 1974年 ※初版時タイトル『セシのポサダの日』（*Nine Days to Christmas,* Aurora Labastida, Marie Hall Ets, 1959.）
『わたしとあそんで』 マリー・ホール・エッツ文・絵 与田準一訳 福音館書店 1968年（*Play with Me,* Marie Hall Ets, 1955.）
『またもりへ』 マリー・ホール・エッツ文・絵 まさきるりこ訳 福音館書店 1969年（*Another Day,* Marie Hall Ets, 1953.）

94～97ページ

＊『かようびのよる』 デヴィッド・ウィーズナー作・絵 当麻ゆか訳 徳間書店 2000年（*Tuesday,* David Wiesner, 1991.）
『3びきのぶたたち』 デイヴィッド・ウィーズナー作 江國香織訳 BL出版 2002年（*The Three Pigs,* David Wiesner, 2001.）
『漂流物』 デイヴィッド・ウィーズナー作 BL出版 2007年（*Flotsam,* David Wiesner, 2006.）

98～101ページ

＊『スノーマン』 レイモンド・ブリッグズ作 評論社 1998年（改題版） ※『ゆきだるま』 1978年（*The Snowman,* Raymond Briggs, 1978.）
『二つのオランダ人形の冒険』 バーサ・H.アプトン文 フローレンス・K.アプトン絵 百々佑利子訳 ほるぷ出版 1985年（*The Adventures of Two Dutch Dolls,* Bertha H. Upton, Florence K. Upton, 1895.）
『まよなかのだいどころ』 モーリス・センダック作 神宮輝夫訳 冨山房 1982年（*In the Night Kitchen,* Maurice Sendak, 1970.）
『さむがりやのサンタ』 レイモンド・ブリッグズ作 すがはらひろくに訳 福音館書店 1974年（*Father Christmas,* Raymond Briggs, 1973.）
『風が吹くとき』 レイモンド・ブリッグズ作 小林忠夫訳 篠崎書林 1982年／さくまゆみこ訳 あすなろ書房 1998年（*When the Wind Blows,* Raymond Briggs, 1982.）
『いたずらボギーのファンガスくん』 レイモンド・ブリッグズ作 かたやまあつし訳 篠崎書林 1979年（*Fungus the Bogeyman,* Raymond Briggs, 1977.）

102～104ページ

『あひるのジマイマのおはなし』 ビアトリクス・ポター作・絵 石井桃子訳 福音館書店 1973年／1988年（改版）（*The Tale of Jimima Puddle-Duck,* Beatrix Potter, 1908.）
『ロージーのおさんぽ』 パット・ハッチンス作 渡辺茂男訳 偕成社 1975年（*Rosie's Walk,* Pat Hutchins, 1968.）
『狐物語』 鈴木覚ほか訳 白水社 1994年／渓水社 2003年（*Le Roman de Renart.*）
『カンタベリー物語』（全3巻） ジェフリー・チョーサー作 桝井迪夫訳 岩波書店 1995年（*The Canterbury Tales,* Geoffrey Chaucer. 1387-1400）
『チャンティクリアときつね』 バーバラ・クーニー作 ジェフリー・チョーサー原作 平野敬一訳 ほるぷ出版 1975年（*Chanticleer and the Fox,* Barbara Cooney, Geoffrey Chaucer, 1958.）
『ハーキン――谷へおりたきつね』 ジョン・バーニンガム作 あきのしょういちろう訳 童話館出版 2003年 ※『にげろハーキン』 大石真訳 偕成社 1970年（*Harquin : The Fox Who Went Down to the Valley,* John Burningham, 1967.）
『信太の狐』 さねとうあきら文 宇野亜喜良絵 ポプラ社 2004年
『きつねにょうぼう』 片山健絵 長谷川摂子再話 福音館書店 1997年
「ごんぎつね」『ごんぎつね』所収 新美南吉作 岩波書店 2002年（文庫）

「雪わたり」『注文の多い料理店――宮沢賢治童話集1』所収　宮沢賢治作　講談社　2008年（文庫・新装版）
「ともだちや」シリーズ　内田麟太郎文　降矢なな絵　偕成社　1998年〜
『きつねのおきゃくさま』　あまんきみこ文　二俣英五郎絵　サンリード　1984年
『きつねの窓』　安房直子文　織茂恭子絵　ポプラ社　1977年
『ともだちや』　内田麟太郎文　降矢なな絵　偕成社　1998年

106〜109ページ

*『すばらしいとき』　ロバート・マックロスキー文・絵　渡辺茂男訳　福音館書店　1978年（*Time of Wonder,* Robert McCloskey, 1957.）
『ちいさな島』　ゴールデン・マクドナルド（マーガレット・ワイズ・ブラウン）作　レナード・ワイスガード絵　谷川俊太郎訳　童話館出版　1996年（*The Little Island,* Golden MacDonald (Margaret Wise Brown), Leonard Weisgard, 1946.）
『ルピナスさん――小さなおばあさんのお話』　バーバラ・クーニー作　掛川恭子訳　ほるぷ出版　1987年（*Miss Rumphius,* Barbara Cooney, 1982.）
『ぼくの島』　バーバラ・クーニー作　掛川恭子訳　ほるぷ出版　1990年（*Island Boy,* Barbara Cooney, 1988.）
『海辺の本』（未訳）　シャーロット・ゾロトウ文　ウェンデル・マイナー絵（*The Seashore Book,* Charlotte Shapiro Zolotow, Wendell Minor, 1992.）
『かもさんおとおり』　ロバート・マックロスキー文・絵　渡辺茂男訳　福音館書店　1965年（*Make Way for Ducklings,* Robert McCloskey, 1941.）
『サリーのこけももつみ』　ロバート・マックロスキー文・絵　石井桃子訳　岩波書店　1976年／1986年（改版）（*Blueberries for Sal,* Robert McCloskey, 1948.）
『海べのあさ』　ロバート・マックロスキー文・絵　石井桃子訳　岩波書店　1978年（*One Morning in Maine,* Robert McCloskey, 1952.）
『はなをくんくん』　ルース・クラウス文　マーク・シーモント作　木島始訳　福音館書店　1967年（*The Happy Day,* Ruth Krauss, Marc Simont, 1949.）

110〜113ページ

*『はなのすきなうし』　マンロー・リーフ作　ロバート・ローソン絵　光吉夏弥訳　岩波書店　1954年（*The Story of Ferdinand,* Munro Leaf, Robert. Lawson, 1936.）
『動物感覚――アニマル・マインドを読み解く』　テンプル・グランディン著　キャサリン・ジョンソン著　中尾ゆかり訳　日本放送出版協会　2006年（*Animals in Translation : Using The Mysteries of Autism to Decode Animal Behavior,* Temple Grandin, Catherine Johnson, 2004.）
『文法のおたのしみ』（未訳）　マンロー・リーフ作（*Grammar Can Be Fun,* Munro Leaf, 1934.）
『おっとあぶない』　マンロー・リーフ作　渡辺茂男訳　学習研究社　1968年／1995年（改版）／フェリシモ出版　2003年（再刊）（*Safety Can Be Fun,* Munro Leaf, 1938／1961.）

114〜117ページ

*『かあさんのいす』　ベラ・B.ウィリアムズ作・絵　佐野洋子訳　あかね書房　1984年（*A Chair for My Mother,* Vera B. Williams, 1982.）
『スクーターでジャンプ』　ベラ・B.ウィリアムズ作・絵　斎藤倫子訳　あかね書房　1996年（*Scooter,* Vera B. Williams, 1993.）
『ピーターのいす』　エズラ・ジャック・キーツ作　木島始訳　偕成社　1977年（*Peter's Chair,* Ezra Jack Keats, 1967.）
『絵本はどのように働くのか』（未訳）　マリア・ニコライェーバ&キャロル・スコット著（*How picturebooks work,* Maria Nikolajeva and Carole Scott, 2001.）

『グロースターの仕たて屋』 ビアトリクス・ポター作・絵 石井桃子訳 福音館書店 1974年／1988年（改版）（*The Tailor of Gloucester,* Beatrix Potter, 1903.）

118～121ページ

＊『わすれられないおくりもの』 スーザン・バーレイ作・絵 小川仁央訳 評論社 1986年（*Badger's Parting Gifts,* Susan Varley, 1984.）

『アナグマのもちよりパーティ』 ハーウィン・オラム文 スーザン・バーレイ絵 小川仁央訳 評論社 1995年（*Badger's Bring-Something Party,* Hiawyn Oram, Susan Varley, 1994.）

「アナグマ」シリーズ ハーウィン・オラム文 スーザン・バーレイ絵（Badger series, Hiawyn Oram, Susan Varley, 1994-.）

「スミレひめ」シリーズ ハーウィン・オラム文 スーザン・バーレイ絵（Princess Camomile series, Hiawyn Oram, Susan Varley, 1998-.）

122～125ページ

＊『神の道化師』 トミー・デ・パオラ作 ゆあさふみえ訳 ほるぷ出版 1980年（*The Clown of God,* Tomie De Paola, 1978.）

126～129ページ

＊『ちいさいおうち』 バージニア・リー・バートン文・絵 石井桃子訳 岩波書店 1954年（小型版・岩波の子どもの本）／1965年（大型版）（*The Little House,* Virginia Lee Burton, 1942.）

『せいめいのれきし』 バージニア・リー・バートン文・絵 石井桃子訳 岩波書店 1964年（*Life Story,* Virginia Lee Burton, 1962.）

『はたらきもののじょせつしゃけいてぃー』 バージニア・リー・バートン文・絵 石井桃子訳 福音館書店 1963年（*Katy and the Big Snow,* Virginia Lee Burton, 1943.）

130～133ページ

＊『ゆうびんやのくまさん』 フィービとセルビ・ウォージントン作・絵 まさきるりこ訳 福音館書店 1987年（*Teddy Bear Postman,* Phoebe and Selby Worthington, 1981.）

『せきたんやのくまさん』 フィービとセルビ・ウォージントン作・絵 石井桃子訳 福音館書店 1987年（*Teddy Bear Coalman,* Phoebe and Selby Worthington, 1948.）

『パンやのくまさん』 フィービとセルビ・ウォージントン作・絵 まさきるりこ訳 福音館書店 1987年（*Teddy Bear Baker,* Phoebe and Selby Worthington, 1977.）

「くまさん」シリーズ フィービとセルビ・ウォージントン作・絵／フィービとジョーン・ウォージントン作・絵 ※邦訳5作品（Teady Bear series, 7vol., Phoebe and Selby Worthington/Phoebe and Joan Worthington, 1948-92.）

134～137ページ

＊『おじいちゃん』 ジョン・バーニンガム作 谷川俊太郎訳 ほるぷ出版 1985年（*Granpa,* John Burningham, 1984.）

『ボルカ――はねなしガチョウのぼうけん』 ジョン・バーニンガム作 きじまはじめ訳 ほるぷ出版 1993年（*Borka : Adventures of a Goose with No Feathers,* John Burningham, 1963.）

『はるなつあきふゆ』 ジョン・バーニンガム作 岸田衿子訳 ほるぷ出版 1975年（*Seasons,* John Burningham, 1971.）

『ガンピーさんのふなあそび』 ジョン・バーニンガム作 光吉夏弥訳 ほるぷ出版 1976年（*Mr Gumpy's Outing,* John Burningham, 1970.）

『ガンピーさんのドライブ』 ジョン・バーニンガム作 光吉夏弥訳 ほるぷ出版 1978年（*Mr Gumpy's Motor Car,* John Burningham, 1973.）

『なみにきをつけて，シャーリー』 ジョン・バーニンガム作 辺見まさなお訳 ほるぷ出版 1978年／2004年（改訂新版）（*Come Away from the Water, Shirley,* John Burningham, 1977.）

『もうおふろからあがったら，シャーリー』 ジョン・バーニンガム作　あきのしょういちろう訳　童話館　1994年（*Time to Get Out of the Bath, Shirley,* John Burningham, 1978.）
『いつもちこくのおとこのこ――ジョン・パトリック・ノーマン・マクヘネシー』 ジョン・バーニンガム作　谷川俊太郎訳　あかね書房　1988年（*John Patrick Norman McHennessey : The Boy Who Was Always Late,* John Burningham, 1988.）
『アルド・わたしだけのひみつのともだち』 ジョン・バーニンガム作　谷川俊太郎訳　ほるぷ出版　1991年（*Aldo,* John Burningham, 1991.）
『地球というすてきな星』 ジョン・バーニンガム作　長田弘訳　ほるぷ出版　1998年（*Whaddyamean?,* John Burningham, 1999.）
138～141ページ
＊『悲しい本』 マイケル・ローゼン作　クェンティン・ブレイク絵　谷川俊太郎訳　あかね書房　2004年（*Michael Rosen's Sad Book,* Michael Rosen, Quentin Blake, 2004.）
『きょうはみんなでクマがりだ』 ヘレン・オクセンバリー絵　マイケル・ローゼン再話　山口文生訳　評論社　1991年（*We're Going on a Bear Hunt,* Helen Oxenbury, Michael Rosen, 1989.）
『ザガズー――じんせいってびっくりつづき』 クェンティン・ブレイク作　谷川俊太郎訳　好学社　2002年（*Zagazoo,* Quentin Blake, 1998.）
『みどりの船』 クェンティン・ブレイク作　千葉茂樹訳　あかね書房　1998年（*The Green Ship,* Quentin Blake, 1998.）
『わすれられないおくりもの』 スーザン・バーレイ作・絵　小川仁央訳　評論社　1986年（*Badger's Parting Gifts,* Susan Varley, 1984.）
142～144ページ
『もりのなか』 マリー・ホール・エッツ文・絵　まさきるりこ訳　福音館書店　1963年（*In the Forest,* Marie Hall Ets, 1944.）
『いたずらきかんしゃちゅうちゅう』 ヴァージニア・リー・バートン文・絵　村岡花子訳　福音館書店　1961年（*Choo Choo,* Virginia Lee Burton, 1937.）
『三びきのやぎのがらがらどん』 マーシャ・ブラウン絵　瀬田貞二訳　福音館書店　1965年（*The Three Billy Goats Gruff,* Marcia Brown, 1957.）
『はらぺこあおむし』 エリック・カール作　森比佐志訳　偕成社　1976年（*The Very Hungry Caterpillar,* Eric Carle, 1969.）
『ゆきのひ』 エズラ・ジャック・キーツ作・画　木島始訳　偕成社　1969年（*The Snowy Day,* Ezra Jack Keats, 1962.）
『アンガスとあひる』 マージョリー・フラック作・絵　瀬田貞二訳　福音館書店　1974年（*Angus and the Ducks,* Marjorie Flack, 1930.）
『サリーのこけももつみ』 ロバート・マックロスキー文・絵　石井桃子訳　岩波書店　1976年／1986年（改版）（*Blueberries for Sal,* Robert McCloskey, 1948.）
『はなをくんくん』 ルース・クラウス文　マーク・シーモント作　木島始訳　福音館書店　1967年（*The Happy Day,* Ruth Krauss, Marc Simont, 1949.）
『てぶくろ』 エウゲーニー（エフゲーニ）・M. ラチョフ絵　内田莉莎子訳　福音館書店　1965年（Evgenii Mikhailovich Rachev, 1950.）
『あおくんときいろちゃん』 レオ・レオーニ作　藤田圭雄訳　至光社　1967年（*Little Blue and Little Yellow,* Leo Lionni, 1959.）
『かいじゅうたちのいるところ』 モーリス・センダック作　神宮輝夫訳　冨山房　1975年（*Where the Wild things Are,* Maurice Sendak, 1963.）
「うさこちゃん」シリーズ　ディック・ブルーナ作（Nijntje（Miffy）series, Dick Bruna, 1955-.）

『くんちゃんのだいりょこう』 ドロシー・マリノ文・絵 石井桃子訳 岩波書店 1977年（小型版）／1986年（大型版）（*Buzzy Bear Goes South,* Dorothy Marino, 1961.）

『おおきなかぶ』 佐藤忠良画 A. トルストイ再話 内田莉莎子訳 福音館書店 1962年／2007年（新版）

146〜149ページ

＊『３びきのかわいいオオカミ』 ユージーン・トリビザス文 ヘレン・オクセンバリー絵 こだまともこ訳 冨山房 1994年（*The Three Little Wolves,* Eugene Trivizas, Helen Oxenbury, 1993.）

「３びきの子ぶた」『イギリスとアイルランドの昔話』所収 石井桃子訳 福音館書店 1981年（The Three Little Pigs.）

『カングル・ワングルのぼうし』 ヘレン・オクセンバリー絵 エドワード・リア文 新倉俊一訳 ほるぷ出版 1975年（*The Quangle Wangle's Hat,* Helen Oxenbury, Edward Lear, 1969.）

『うちのペットはドラゴン』 マーガレット・マーヒー文 ヘレン・オクセンバリー絵 小山尚子訳 徳間書店 2000年 ※『ふしぎなドラゴン』 マーガレット・メイ文 ヘレン・オクセンベリー絵 上笙一郎訳 講談社 1971年（*The Dragon of an Ordinary Family,* Margaret Mahy, Helen Oxenbury, 1969.）

『ふしぎの国のアリス』 ヘレン・オクセンバリー絵 ルイス・キャロル原作 中村妙子訳 評論社 2000年（*Alice's Adventures in Wonderland,* Helen Oxenbury, Lewis Carroll, 1999.）

150〜153ページ

＊『くまのコールテンくん』 ドン・フリーマン作 松岡享子訳 偕成社 1975年（*Corduroy,* Don Freeman, 1968.）

『ビロードうさぎ』 マージェリィ・ウィリアムズ文 ウィリアム・ニコルソン絵 石井桃子訳 童話館出版 2002年（*The Velveteen Rabbit,* Margery Williams Bianco, William Nicholson, 1922／1995.）

『くまのプーさん』 A. A. ミルン作 E. H. シェパード絵 石井桃子訳 岩波書店 2000年（文庫・新版）（*Winnie-the-Pooh,* Alan Alexander Milne, Ernest Howard Shepard, 1926.）

『ゆきのひ』 エズラ・ジャック・キーツ作・画 木島始訳 偕成社 1969年（*The Snowy Day,* Ezra Jack Keats, 1962.）

『くまのビーディーくん』 ドン・フリーマン作 松岡享子訳 偕成社 1976年（*Beady Bear,* Don Freeman, 1954.）

『コーちゃんのポケット』 ドン・フリーマン作 西園寺祥子訳 ほるぷ出版 1982年（*A Pocket for Corduroy,* Don Freeman, 1978.）

154〜157ページ

＊『すてきな三にんぐみ』 トミー・アンゲラー作 今江祥智訳 偕成社 1969年／1977年（改訂版）（*The Three Robbers,* Tomi Ungerer, 1962.）

『パーティ』（画集）（未訳） トミー・アンゲラー作（*The Party,* Tomi Ungerer, 1966.）

『ゼラルダと人喰い鬼』 トミー・ウンゲラー作 田村隆一・麻生九美訳 評論社 1977年（*Zeralda's Ogre,* Tomi Ungerer, 1967.）

158〜161ページ

＊『ブライアン・ワイルドスミスの ABC』 ブライアン・ワイルドスミス作 らくだ出版 1972年（*Brian Wildsmith's ABC,* Brian Wildsmith, 1962.）

『不思議の国のアリス』 ルイス・キャロル作 脇明子訳 岩波書店 2000年（文庫）（*Alice's Adventures in Wonderland,* Lewis Carroll, 1865.）

『オズボーンのアルファベット絵カード』（未訳） チャールズ・オズボーン編（*Osbourne's Pictorial Alphabet,* Designed by Charles Osbourne, 1835.）

『古いおともだちのアルファベット』(未訳) ウォルター・クレイン作 (*The Alphabet of Old Friend,* Walter Crane, 1875.)

『A　アップルパイ』 ケイト・グリーナウェイ作　※参考『マザーグースの絵本Ⅱ——アップルパイは食べないで』 岸田理生訳　新書館　1976年 (*A Apple Pie,* Kate Greenaway, 1886.)

『絵入りコミック・アルファベット』(未訳) アミーリア・フランシス・ハワード・ギボン作 (*An illustrated Comic Alphabet,* Amelia Frances Howard-Gibbon, 1859／正式刊行1966.)

『ブライアン・ワイルドスミス１２３』 ブライアン・ワイルドスミス作　らくだ出版デザイン　1973年 (*Brian Wildsmith 1, 2, 3,* Brian Wildsmith, 1965.)

『とり』 ブライアン・ワイルドスミス作　渡辺茂男訳　らくだ出版デザイン　1969年 (*Birds,* Brian Wildsmith, 1967.)

『さかな』 ブライアン・ワイルドスミス作　渡辺茂男訳　らくだ出版デザイン　1969年 (*Fishes,* Brian Wildsmith, 1968.)

『ライオンとネズミ』 ラ・フォンテーヌ文　ブライアン・ワイルドスミス絵　渡辺茂男訳　らくだ出版デザイン　1969年 (*The Lion and the Rat,* Brian Wildsmith, 1963.)

162～165ページ

＊『マドレンカのいぬ』 ピーター・シス作　松田素子訳　BL 出版　2004年 (*Madlenka's Dog,* Peter Sís, 2002.)

『マドレンカ』 ピーター・シス作　松田素子訳　BL 出版　2001年 (*Madlenka,* Peter Sís, 2000.)

「マットくん」シリーズ　ピーター・シス作 (Matt series, Peter Sís, 1999-.)

『生命の樹——チャールズ・ダーウィンの生涯』 ピーター・シス作　原田勝訳　徳間書店　2005年 (*The Tree of Life : A Book Depicting the Life of Charles Darwin, Naturalist, Geologist & Thinker,* Peter Sís, 2003.)

『夢を追いかけろ——クリストファー・コロンブスの物語』 ピーター・シス作　吉田悟郎訳　ほるぷ出版　1992年 (*Follow the Dream : The Story of Christpher Columbus,* Peter Sís, 1991.)

166～169ページ

＊『しろいうさぎとくろいうさぎ』 ガース・ウイリアムズ文・絵　松岡享子訳　福音館書店　1965年 (*The Rabbits' Wedding,* Garth Williams, 1958.)

「大草原の小さな家」シリーズ　ローラ・インガルス・ワイルダー作 (Little House series, Laura Ingalls Wilder, 1932-74.)

『おやすみなさいフランシス』 ラッセル・ホーバン文　ガース・ウイリアムズ絵　松岡享子訳　福音館書店　1966年 (*Bedtime for Frances,* Russell Hoban, Garth Williams, 1960.)

170～173ページ

＊『よあけ』 ユリー・シュルヴィッツ作・画　瀬田貞二訳　福音館書店　1977年 (*Dawn,* Uri Shulevitz, 1974.)

『絵で書く　子どもの本の書き方描き方』(未訳) ユリー・シュルヴィッツ作 (*Writing with Pictures : How to Write and Illustrate Children's Books,* Uri Shulevitz, 1985.)

「漁翁」 柳宗元 『唐詩三百首１』所収　衡塘退士編　目加田誠訳注　平凡社　1973年

『空とぶ船と世界一のばか——ロシアのむかしばなし』 アーサー・ランサム文　ユリー・シュルヴィッツ絵　神宮輝夫訳　岩波書店　1970年 (*The Fool of the World and the Flying Ship : A Russian Tale,* Arthur Ransome, Uri Shulevitz, 1968.)

『あるげつようびのあさ』 ユリ・シュルヴィッツ作　谷川俊太郎訳　徳間書店　1994年 (*One Monday Morning,* Uri Shulevitz, 1967.)

『ゆき』 ユリ・シュルヴィッツ作　さくまゆみこ訳　あすなろ書房　1998年 (*Snow,* Uri Shulevitz, 1998.)

174～177ページ

*『100まんびきのねこ』 ワンダ・ガアグ文・絵 石井桃子訳 福音館書店 1961年（*Millions of Cats,* Wanda Gág, 1928.）

「どんぐりと山猫」『セロひきのゴーシュ――宮沢賢治童話集 4』所収 宮沢賢治作 講談社 2009年（文庫・新装版）

『しらゆきひめと七人の小人たち』 ワンダ・ガアグ再話・絵 内田莉莎子訳 福音館書店 1991年（S*now White and the Seven Dwarfs,* Wanda Gág, 1938.）

『グリムのお話集』（未訳） ワンダ・ガアグ英訳・絵（*Tales from Grimm,* freely translated and illustrated by Wanda Gág, 1936.）

『ワンダ・ガアグ 若き日の痛みと輝き――「100まんびきのねこ」の作者が残した日記』 ワンダ・ガアグ著 阿部公子訳 こぐま社 1997年（*Growing Pains : Diaries and Drawings from the Years 1908-17,* Wanda Gág, 1940／1967.）

［作品リスト制作・神谷友］

図版出典一覧

2ページ 『げんきなマドレーヌ』（ルドウィッヒ・ベーメルマンス作／画，瀬田貞二訳）福音館書店，1972年。
4ページ 同上。
6ページ 『かいじゅうたちのいるところ』（モーリス・センダック作，神宮輝夫訳）冨山房，1975年。
8ページ 右『まよなかのだいどころ』（モーリス・センダック作，神宮輝夫訳）冨山房，1982年。
左『まどのそとのそのまたむこう』（モーリス・センダック作／絵，脇明子訳）福音館書店，1983年。
10ページ 『あおくんときいろちゃん』（レオ・レオーニ作，藤田圭雄訳）至光社，1967年。
12ページ 同上。
14ページ 『ゆきのひ』（エズラ・ジャック・キーツ文／絵，木島始訳）偕成社，1969年。
16ページ 同上。
18ページ 『チムとゆうかんなせんちょうさん』（エドワード・アーディゾーニ作，瀬田貞二訳）福音館書店，1963年／2001年新版。
21ページ 同上。
22ページ 『ぼくはおこった』（ハーウィン・オラム文，きたむらさとし絵／訳）佑学社，1988年／評論社，1996年。
24ページ 同上。
26ページ 『オリビア』（イアン・ファルコナー作，谷川俊太郎訳）あすなろ書房，2001年。
28ページ 同上。
32ページ 上右『フレデリック』（レオ・レオニ作，谷川俊太郎訳）好学社，1969年。
上左『すてきな三にんぐみ』（トミー・アンゲラー作，今江祥智訳）偕成社，1969年。
下『優雅に叱責する自転車』（エドワード・ゴーリー作，柴田元幸訳）河出書房新社，2000年。
34ページ 『ルピナスさん――小さなおばあさんのお話』（バーバラ・クーニー作，掛川恭子訳）ほるぷ出版，1987年。
36ページ 同上。
38ページ 『はらぺこあおむし』（エリック・カール作，森比佐志訳）偕成社，1976年。
40ページ 同上。
42ページ 『はなをくんくん』（ルース・クラウス文，マーク・シーモント絵，木島始訳）福音館書店，1967年。
44ページ 同上。
46ページ 『ピーターラビットのおはなし』（ビアトリクス・ポター作／絵，石井桃子訳）福音館書店，1971年／1988年新版。
48ページ 同上。
50ページ 『ロージーのおさんぽ』（パット・ハッチンス作，渡辺茂男訳）偕成社，1975年。
52ページ 同上。
54ページ 『ねこのオーランドー』（キャスリーン・ヘイル作／画，脇明子訳）福音館書店，1982年。
56ページ 同上。
58ページ 『三びきのやぎのがらがらどん』（マーシャ・ブラウン絵，瀬田貞二訳）福音館書店，1965

年。

60ページ　同上。

62ページ　『月夜のみみずく』（ジェイン・ヨーレン詩，ジョン・ショーエンヘール絵，工藤直子訳）偕成社，1989年。

64ページ　同上。

66ページ　『おやすみなさいおつきさま』（マーガレット・ワイズ・ブラウン作，クレメント・ハード絵／瀬田貞二訳）評論社，1979年。

68ページ　同上。

72ページ　右 *Puss in Boots.* by Walter Crane. London: George Routledge and Sons, 1874.

左 *Hey Diddle Diddle and Baby Bunting,* by R. Caldecott. London: George Routledge and Sons, 1882.

74ページ　『窓の下で』（ケイト・グリーナウェイ作，白石かずこ訳）ほるぷ出版，1987年。

77ページ　同上。

78ページ　『おどる12人のおひめさま』（エロール・ル・カイン絵，グリム兄弟原作，矢川澄子訳）ほるぷ出版，1980年。

80ページ　同上。

82ページ　『すきですゴリラ』（アントニー・ブラウン作／絵，山下明生訳）あかね書房，1983年。

84ページ　同上。

86ページ　『急行「北極号」』（クリス・ヴァン・オールズバーグ絵／文，村上春樹訳）河出書房新社，1987年／あすなろ書房，2003年改訂版。

88ページ　同上。

90ページ　『もりのなか』（マリー・ホール・エッツ文／絵，まさきるりこ訳）福音館書店，1963年。

92ページ　同上。

94ページ　『かようびのよる』（デヴィッド・ウィーズナー作／絵，当麻ゆか訳）徳間書房，2000年。

96ページ　上『3びきのぶたたち』（デイヴィッド・ウィーズナー作，江國香織訳）BL出版，2002年。

下『漂流物』（デイヴィッド・ウィーズナー作）BL出版，2007年。

98ページ　『スノーマン』（レイモンド・ブリッグズ作）評論社，1978年／1998年改題版。

100ページ　同上。

104ページ　上右『ハーキン——谷へおりたきつね』（ジョン・バーニンガム作，あきのしょういちろう訳）童話館出版，2003年。

上左『きつねにょうぼう』（片山健絵，長谷川摂子再話）福音館書店，1997年。

下右『チャンティクリアときつね』（バーバラ・クーニー作，ジェフリー・チョーサー原作，平野敬一訳）ほるぷ出版，1967年。

下左『ともだちや』（内田麟太郎文，降矢なな絵）偕成社，1998年。

106ページ　『すばらしいとき』（ロバート・マックロスキー文／絵，渡辺茂男訳）福音館書店，1978年。

108ページ　同上。

110ページ　『はなのすきなうし』（マンロー・リーフ作，ロバート・ローソン絵，光吉夏弥訳）岩波書店，1954年。

113ページ　同上。

114ページ　『かあさんのいす』（ベラ・B.ウィリアムズ作／絵，佐野洋子訳）あかね書房，1984年。

116ページ　同上。

118ページ　『わすれられないおくりもの』（スーザン・バーレイ作／絵，小川仁央訳）評論社，1986年。

120ページ　同上。
122ページ　『神の道化師』（トミー・デ・パオラ作，ゆあさふみえ訳）ほるぷ出版，1980年。
124ページ　同上。
126ページ　『ちいさいおうち』（バージニア・リー・バートン文／絵，石井桃子訳）岩波書店，1954年／1965年大型版。
128ページ　同上。
130ページ　『ゆうびんやのくまさん』（フィービとセルビ・ウォージントン作／絵，まさきるりこ訳）福音館書店，1987年。
132ページ　同上。
134ページ　『おじいちゃん』（ジョン・バーニンガム作，谷川俊太郎訳）ほるぷ出版，1985年。
136ページ　同上。
138ページ　『悲しい本』（マイケル・ローゼン作，クエンティン・ブレイク絵，谷川俊太郎訳）あかね書房，2004年。
139ページ　同上。
144ページ　上『アンガスとあひる』（マージョリー・フラック作，瀬田貞二訳）福音館書店，1974年。
下『サリーのこけももつみ』（ロバート・マックロスキー作，石井桃子訳）岩波書店，1976年。
146ページ　『3びきのかわいいオオカミ』（ユージーン・トリビザス文，ヘレン・オクセンバリー絵／こだまともこ訳）冨山房，1994年。
148ページ　同上。
150ページ　『くまのコールテンくん』（ドン・フリーマン作，松岡享子訳）偕成社，1975年。
152ページ　同上。
154ページ　『すてきな三にんぐみ』（トミー・アンゲラー作，今江祥智訳）偕成社，1969年／1977年改訂版。
156ページ　同上。
158ページ　『ブライアン・ワイルドスミスの ABC』（ブライアン・ワイルドスミス作）らくだ出版，1972年。
160ページ　同上。
162ページ　『マドレンカのいぬ』（ピーター・シス作，松田素子訳）BL 出版，2004年。
164ページ　同上。
166ページ　『しろいうさぎとくろいうさぎ』（ガース・ウイリアムズ文／絵，松岡享子訳）福音館書店，1965年。
168ページ　同上。
170ページ　『よあけ』（ユリー・シュルヴィッツ作／画，瀬田貞二訳）福音館書店，1977年。
172ページ　同上。
174ページ　『100まんびきのねこ』（ワンダ・ガアグ文／絵，石井桃子訳）福音館書店，1961年。
176ページ　同上。